Rolf Morrien | Heinz Vinkelau

Alles, was Sie über
Peter Lynch
wissen müssen

Rolf Morrien | Heinz Vinkelau

Alles, was Sie über
Peter Lynch
wissen müssen

Der erfolgreichste Fondsmanager
aller Zeiten auf gerade mal 100 Seiten

Bibliografische Information der Deutschen Nationalbibliothek

Die Deutsche Nationalbibliothek verzeichnet diese Publikation in der Deutschen Nationalbibliografie. Detaillierte bibliografische Daten sind im Internet über http://dnb.d-nb.de abrufbar.

Für Fragen und Anregungen:

info@finanzbuchverlag.de

Originalausgabe, 1. Auflage 2019

© 2019 by FinanzBuch Verlag, ein Imprint der Münchner Verlagsgruppe GmbH, Nymphenburger Straße 86
D-80636 München
Tel.: 089 651285-0
Fax: 089 652096

Redaktion: Judith Engst
Korrektorat: Anja Hilgarth
Umschlaggestaltung: Isabella Dorsch
Umschlagabbildung: Getty Images/James Schnepf
Satz: Helmut Schaffer, Hofheim a. Ts.
Druck: GGP Media GmbH, Pößneck
Printed in Germany

ISBN Print 978-3-95972-260-5
ISBN E-Book (PDF) 978-3-96092-483-8
ISBN E-Book (EPUB, Mobi) 978-3-96092-484-5

Weitere Informationen zum Verlag finden Sie unter

www.finanzbuchverlag.de

Beachten Sie auch unsere weiteren Verlage unter www.m-vg.de.

INHALT

CHECKLISTE: DIE 25 GOLDENEN REGELN DES PETER LYNCH

EINLEITUNG – WARUM SIE EINE BUCHREIHE ÜBER BÖRSEN-LEGENDEN LESEN SOLLTEN

Peter Lynch, der wohl erfolgreichste Fondsmanager der modernen Börsengeschichte, sagt über die Geldanlage: »Investieren macht Spaß. Es ist interessant. Mehr darüber zu lernen kann auf mehrfache Weise eine bereichernde Erfahrung werden.«[1]

Die erfolgreiche Geldanlage ist keine Geheimwissenschaft. Viele Strategien, die wir Ihnen in unserer Buchreihe *Legenden der Börse* vorstellen, sind sogar denkbar einfach – ganz im Sinne von Peter Lynch, Warren Buffett und Charlie Munger. Man muss nur wissen, wie die betreffende Strategie funktioniert, und dieses theoretische Wissen dann konsequent in die Praxis umsetzen.

In dieser Buchreihe starten wir jeweils mit dem Lebenslauf der Börsen-Legende. Sie werden schnell erkennen, dass oft schon die frühen Lebensjahre die späteren Investoren geprägt haben. Fast schon ein Klassiker ist eine Anekdote aus den Kinderjahren von Warren Buffett. Ausgerüstet mit einem Münzwechsler klapperte der kleine Warren die Häuser in der Nachbarschaft ab und verkaufte Coca-Cola für 5 Cent die Flasche. Vorher hatte er die Cola als Sixpack im Lebensmittelgeschäft seines Großvaters für 25 Cent eingekauft. Seine Rechnung lautete: 25 Cent investieren, um einen Umsatz von 30 Cent zu erzielen (6 x 5 Cent je Flasche). Die Gewinnmarge lag also bei 20 Prozent. Der Legende nach hat ihn diese Gewinnmarge von

20 Prozent sein Leben lang geprägt. Buffett hat bei seinen Geschäften immer wieder ähnliche Renditen angestrebt und auch erreicht.

Sie können jetzt nicht die Kindheitserinnerungen der großen Börsen-Legenden nachholen, aber Sie erfahren in unseren Büchern, wie sich die jeweiligen Personen zu Persönlichkeiten entwickelt haben. Im zweiten Schritt zeigen wir Ihnen die Investitionserfolge und abschließend die Strategien, mit denen Lynch, Buffett und Co. so erfolgreich wurden.

Denn warum sollten Sie auch eine ganz neue, nicht erprobte Anlage-Strategie erfinden, wenn es doch ein Dutzend Spitzenkönner gibt, die in den vergangenen Jahren, Jahrzehnten oder Jahrhunderten jeweils einen erfolgreichen Weg gefunden haben? Die Strategien der Meister in den Grundzügen nachzuahmen, ist kein Makel, sondern die Kunst, eine erfolgreiche Strategie zu erkennen, zu verstehen und neu umzusetzen. Wer dagegen nur auf eigene Ideen baut und die Erkenntnisse der nachweislich erfolgreichen Investoren ignoriert, läuft leicht Gefahr, bereits bekannte Fehler zu wiederholen – und auf diese Weise irgendwann in einer Sackgasse zu landen. Diesen Irrweg können Sie sich ersparen, wenn Sie von den Besten lernen.

Dabei geht es nicht darum, einen berühmten Investor in allen Dingen eins zu eins zu kopieren. Es geht darum, Entscheidungsprozesse und Entscheidungen zu verstehen. Sehr schön hat das Tren Griffin in seinem bemerkenswerten Buch *Charlie Munger – Ich habe dem nichts mehr hinzuzufügen* formuliert:

> »Niemand anders kann Charlie Munger sein, ebenso wenig,
> wie niemand anders Warren Buffett sein kann. Es geht nicht
> darum, jemanden als Helden zu feiern, sondern darum, zu

überlegen, ob Munger wie sein eigenes Vorbild Benjamin Franklin Qualitäten, Merkmale, Systeme oder Lebenskonzepte hat, denen wir nacheifern wollen, vielleicht auch nur zum Teil. Genau diese Möglichkeit ist auch der Grund dafür, warum Munger Hunderte von Biografien gelesen hat: Vom Erfolg wie vom Scheitern anderer zu lernen ist die schnellste Methode, um intelligenter und klüger zu werden, ohne dabei allzu viel selbst erleiden zu müssen.«

Wenn Sie die in diesem Buch beschriebenen Strategie-Ansätze von Peter Lynch bei der Auswahl Ihrer Aktien berücksichtigen, sind Sie auf dem richtigen Weg. Mit seinem Vorgehen lässt sich, davon ist Lynch überzeugt, ohne großen Aufwand so mancher Börsenprofi schlagen:

»Der durchschnittliche Kapitalanleger verfügt über alle notwendigen Voraussetzungen, um im Aktienmarkt erfolgreich sein zu können, obwohl gerade das viele nicht von sich zu glauben scheinen. Darüber hinaus bin ich sogar der Meinung, dass der Amateurinvestor gegenüber den meisten Börsenprofis im Vorteil ist, denn die besten Anlagemöglichkeiten finden sich in der Welt, in der wir leben, nicht an der Börse.«[2]

Viel Vergnügen bei der Lektüre und üppige Börsengewinne in der Zukunft wünschen Ihnen

Heinz Vinkelau & Rolf Morrien

PETER LYNCH: EIN LEBEN MIT DER SUCHT NACH AKTIEN

»Auch ich lebte mit einer Sucht – der Sucht nach Aktien.«[3]

KINDHEIT UND JUGEND IN BOSTON
(1944–1960)

Am 19. Januar 1944, einem kalten Wintertag, erblickte Peter Lynch in einem Bostoner Krankenhaus das Licht der Welt. Damals ahnte niemand, dass der kleine Junge in seinem späteren Leben zu einer der größten Börsen-Legenden aller Zeiten aufsteigen würde.

Dass Lynch in späteren Jahren ein sehr erfolgreicher Fondsmanager wurde, ist ein Fakt. Aber der Kult rund um seine Person ist ihm ziemlich unangenehm. Titel wie »Super-Legende Peter Lynch«[4] lehnt er ab. Lynch vertritt den Standpunkt, dass auch Amateure mit wenig Aufwand an der Börse sehr erfolgreich sein können. »Der geborene Investor ist eine Märchenfigur.«[5] Um eine Legendenbildung zu vermeiden, macht er gleich zu Beginn seines Bestsellers *Der Börse einen Schritt voraus* klar: »Über meiner Wiege hing weder ein Lochstreifen noch zeigte ich ein frühreifes Interesse für den Aktienteil der Zeitungen, etwa so wie Pelé schon als Baby den Fußball kickte.«[6]

Kein Wunder, denn seine Familie, die den Börsencrash und die anschließende Weltwirtschaftskrise Ende der 1920er-Jahre live erlebt hatte, lehnte Börsenspekulationen prinzipiell ab. »Nachdem sie 1929 den schwarzen Freitag hautnah miterleben mussten, wollte niemand in unserem Familienkreis mehr etwas von Aktien wissen.«[7] Auch wenn sich der US-Aktienmarkt in der Nachkriegszeit sehr positiv entwickelte, waren Investments an der Börse in der Familie Lynch tabu: »Nach den Worten meiner Onkel zu urteilen, *hätte man denken können, dass es sich um ein verbotenes Glücksspiel an irgendeiner dunklen Straßenecke handelte.*«[8]

Als Peter Lynch sieben Jahre alt war, erkrankte sein Vater an einem Gehirntumor und starb drei Jahre später. Sein Vater war Mathematikprofessor am Bosten College gewesen und hatte später als Teilhaber in eine Wirtschaftsprüfungsgesellschaft gewechselt. Nach dem Tode des Familienoberhaupts brachen für die Familie Lynch schwere Zeiten an. Seine Mutter nahm eine Tätigkeit in einer Fabrik auf und Peter musste von einer teuren Privatschule auf eine öffentliche Schule wechseln.[9]

Um die finanzielle Lage seiner Familie etwas aufzubessern, nahm Lynch einen lukrativen Aushilfsjob als Caddy im exklusiven Golfklub Brae Burn am Rande von Boston an. Dieser Aushilfsjob wurde rückblickend zu einer idealen Basis für die spätere Karriere Lynchs als Börsenprofi. »Indem ich D. George Sullivan [dem Präsidenten der Fondsgesellschaft Fidelity] half, seinen Ball zu finden, fand ich eine Karricre für mich. [...] Wenn man es auf eine Ausbildung im Aktiengeschäft abgesehen hatte, dann war der Golfplatz nach dem Börsenparkett selbst der nächstbeste Ort, wo man sie durchlaufen konnte.«[10]

STUDIUM IN BOSTON UND PHILADELPHIA
SOWIE WEHRDIENST IN KOREA (1961–1969)

Der Job als Caddy weckte in Lynch nicht nur das Interesse für die Börse, sondern brachte ihm auch das Francis-Ouimet-Caddy-Stipendium ein, benannt nach dem ersten Golfamateur, der 1913 die US-Open gewann.[11] Mit diesem Stipendium und den Einnahmen aus seiner Tätigkeit als Caddy finanzierte Lynch seine Zeit am Gymnasium und die anschließenden Studien am Boston College und der Wharton School of Finance in Philadelphia.[12]

Obwohl Lynch während seiner Zeit als Caddy zahlreiche Insidertipps erhalten hatte, kaufte er erst mit 19 Jahren seine ersten Aktien. »Im Jahre 1963, meinem zweiten Jahr an der Uni [Anm. d. Red.: dem Boston College], kaufte ich meine erste Aktie – Flying Tiger Airlines zu 7 Dollar das Stück. […] Nach all den Golfplatztipps, die ich nicht nutzen konnte, war ich endlich reich genug, um zu investieren.«[13]

Die Flying Tiger Aktien entwickelten sich hervorragend, denn durch den ausgebrochenen Vietnam-Krieg war die Nachfrage nach Luftfrachtkapazitäten enorm gestiegen. »Flying Tiger flog jetzt Truppen und Material in das südostasiatische Land. Der Kurs der Aktie verzehnfachte sich!«[14] In den nächsten zwei Jahren stieg die Aktie so rasant an, dass Lynch sie nach und nach mit sattem Gewinn verkaufen konnte, um sein Studium zu finanzieren. »Anders gesagt: Ich bestritt einen Teil meiner Ausbildungskosten mit einem ›Flying-Tiger-Stipendium‹«.[15]

In seinem Studium am Boston College belegte Lynch Fächer der Geisteswissenschaften wie zum Beispiel Geschichte, Metaphysik, Religion und Philosophie der alten Griechen. Fächer wie Mathematik, Rechnungswesen und Betriebswirtschaftslehre hingegen mied er so weit wie möglich. »Wenn ich jetzt zurückschaue, dann besteht kein Zweifel daran, dass das Studium von Geschichte und Philosophie eine wesentlich bessere Vorbereitung auf die Börse war, als es beispielsweise Statistik gewesen wäre. Das Börsengeschäft ist eine Kunst und keine Wissenschaft.«[16]

Nach Beendigung seines Studiums am Boston College wechselte Lynch zur renommierten Wharton School of Finance in Philadelphia. Vorher hatte er sich auf Anraten von D. George Sullivan, für den er häufiger als Caddy gearbeitet hatte, für ein Sommerpraktikum bei der Investmentgesellschaft Fidelity beworben und erhielt den Job trotz vieler Mitbewerber. »Es war das gelobte Haus unter den Kapitalanlagegesellschaften [...] und so träumte jeder passionierte Anhänger von Bilanzen und Finanzen davon, bei Fidelity zu arbeiten. Es gab einhundert Bewerbungen für drei Sommerjobs.«[17] Das Praktikum war anspruchsvoll. Es entsprach eher einer regulären Analystenstelle. »Mein Aufgabenbereich war die Papier- und Verlagsindustrie und ich musste kreuz und quer durch das Land reisen, um Firmen wie Sorg Paper und International Textbook zu besuchen.«[18]

Während der zwei Jahre am Wharton College lernte er seine spätere Frau Carolyn auf dem Campus der Universität kennen. Nach Abschluss seines MBA-Studiums trat er seinen Wehrdienst an. Als Leutnant der Artillerie wurde er zunächst nach Texas und dann nach Korea versetzt. Ein glücklicher Zufall, denn während dieser Zeit wurden die meisten US-Soldaten in Vietnam eingesetzt, wo Krieg herrschte. »Der einzige Nachteil an Korea war, dass es weit entfernt von der Börse lag und es, soweit ich wusste, in Seoul keinen Aktienmarkt gab. Zu jener Zeit litt ich unter Börsenentzug.«[19]

WERTPAPIERANALYST UND FONDSMANAGER
BEI FIDELITY (1969–1990)

N ach dem Ende seines Wehrdienstes im Jahre 1969 nahm Lynch eine Stelle als Wertpapieranalyst bei Fidelity an. Dort war er für die Bereiche Metalle und Bergbau sowie Textil- und chemische Industrie zuständig. Sein Jahreseinkommen betrug 16.000 US-Dollar, was ein stolzes Einstiegsgehalt war.[20] Damit Sie dieses Gehalt einordnen können: Ein US-Lehrer bekam zu dieser Zeit ein Gehalt von gut 8.000 US-Dollar pro Jahr.[21]

Nachdem Lynch im Juni 1974 zum Direktor der Abteilung Wertpapieranalyse befördert worden war, wurde ihm im Mai 1977 die Leitung des Fidelity Magellan Fund anvertraut. Das war der Beginn der steilen und einmaligen Karriere von Peter Lynch als Fondsmanager.

⌇

Exkurs: Die Geschichte des Fidelity Magellan Fund von 1963–1990[22]

1963 wird der Fonds unter Ned Johnson als Fidelity International Fund gegründet.

1966 hat der Fidelity Magellan ein Fondsvolumen von 20 Millionen US-Dollar.

1976 ist der Magellan Fund aufgrund von Kapitalabflüssen nur noch 6 Millionen US-Dollar schwer.

1976 fusioniert der Fidelity Magellan mit dem 12 Millionen US-Dollar schweren Essex Fund.

1977 wird Peter Lynch zum Manager des Fidelity Magellan Fund ernannt. Der Fonds wird für Käufer gesperrt.

»Ich bin davon überzeugt, dass die Verborgenheit, in der ich in den ersten vier Jahren gewirkt habe, mehr ein Segen als einen Fluch darstellt. Ich hatte dadurch die Möglichkeit, das Geschäft kennenzulernen und Fehler zu machen, ohne dabei im Rampenlicht zu stehen.«[23]

1981 fusioniert der Fidelity Magellan mit dem Salem Fund und wird wieder der Öffentlichkeit zugänglich gemacht. Der Fonds durchbricht die Volumengrenze von 100 Millionen US-Dollar. Das Fondskapital ist zu diesem Zeitpunkt in 200 verschiedene Aktien investiert. Magellan liegt zu diesem Zeitpunkt im unteren Fünftel aller Aktienfonds.

1982 hat Lynch einen TV-Auftritt in der Rukeyser-Talk-Show und beantwortet Fragen zum Magellan Fund, was zu einem Kaufboom führt. Ende 1982 hat der Magellan ein Fondsvermögen von 450 Millionen US-Dollar. Während dieser Zeit setzt Lynch bei Neuinvestitionen einen Fokus auf Automobilwerte (vor allem Chrysler).

Im April 1983 erreicht Magellan ein Volumen von 1 Milliarde US-Dollar, das in nunmehr 450 verschiedene Aktien investiert ist. Ende des Jahres liegt das Fondsvolumen bei 1,6 Milliarden US-Dollar mit einem Portfolio von über 900 Aktien.

1984 knackt Magellan die Marke von 2 Milliarden US-Dollar. Lynch nimmt zunehmend auch ausländische Werte in das Magellan-Portfolio auf (z. B. Volvo, Peugeot, Skandia, Esselte, Electrolux, Norsk Hydro und Kinki Nippon Railway).

»Abgesehen von John Templeton war ich der erste amerikanische Fondsmanager, der stark in Auslandsaktien investierte.«[24]

1985 fließen weitere 1,7 Milliarden US-Dollar dem Magellan Fund zu.

1986 überschreitet der Fonds Anfang des Jahres die 5-Milliarden-US-Dollar-Grenze bei einem Anteil von 20 Prozent an ausländischen Aktien.

1987 erreicht Magellan im Mai ein Volumen von 10 Milliarden US-Dollar und steht im August bei 11 Milliarden US-Dollar, bevor die große Börsenkorrektur im Oktober 1987 zu einem abrupten Absinken des Fondsvolumens auf 7,2 Milliarden US-Dollar führt. Im Herbst 1987 setzt sich der Magellan Fonds aus 1500 verschiedenen Aktienwerten zusammen.[25]

»Ich war hocherfreut, als das Jahr 1987 vorüber war. Ich triumphierte, da ich Magellan auf ein Prozent Gewinn zurückgehievt hatte und damit die Kette von zehn Erfolgsjahren aufrechterhalten konnte.«[26]

1988 erreicht Magellan einen Gewinnzuwachs von 22,8 Prozent.

1989 steigt der Gewinnzuwachs sogar auf 34,6 Prozent.

»Ich war aber auch von den Anstrengungen erschöpft und sehnte mich danach, mehr Zeit mit meiner Frau als mit Fannie Mae (Anmerkung: einem börsennotierten US-Finanzkonzern) zu verbringen.«[27]

1990 Ende Mai gibt Peter Lynch seine Position als Fondsmanager auf. Der Magellan Fund hat zu diesem Zeitpunkt ein Volumen von 14 Milliarden US-Dollar, davon 1,4 Milliarden in Barvermögen. Der Magellan Fund ist zum größten Fonds der USA aufgestiegen.

RÜCKZUG AUS DEM BÖRSENGESCHÄFT
UND MÄZENATENTUM (1990–HEUTE)

Nach 13 erfolgreichen Jahren als Leiter des Fidelity Magellan Fund gab Peter Lynch seine Position auf. »Am 31. Mai 1990 schaltete ich meinen Quotron [Computer] beim Fidelity Magellan Fund ab. Exakt 13 Jahre, nachdem ich angefangen hatte, dort zu arbeiten.«[28] Lynch war zu diesem Zeitpunkt gerade 46 Jahre alt geworden und erinnerte sich daran, dass sein Vater in diesem Alter verstorben war.

Peter Lynch war ein Einzelkämpfer und wollte sein Portfolio allein managen. Er hatte während seiner Zeit als Fondsleiter nur zwei Assistenten, die ihn bei seiner Arbeit unterstützten. Als Workaholic arbeitete er 60 bis 80 Stunden an sechs Tagen in der Woche. Sein Arbeitstag begann um 6 Uhr in der Früh und ging häufig bis spät in den Abend.[29] »An den Abenden, an denen ich nicht bis spät in die Nacht im Büro blieb, konnte man mich auf den Meetings einer von zahlreichen wohltätigen oder kommunalen Organisationen finden, deren Ausschüssen ich freiwillig meine Dienste zur Verfügung stellte.«[30]

Exkurs: Peter Lynch – ein bekennender Christ

Peter Lynch entstammt einer irischen Einwandererfamilie und ist bekennendes Mitglied der römisch-katholischen Kirche. Das Boston College, an dem Lynch seinen Bachelor-Abschluss machte und an dem sein Vater als Mathematikprofessor tätig war, ist eine von Jesuiten geführte Hochschule.

Auch in seinem Buch *Der Börse einen Schritt voraus* erwähnt er, dass er ein bekennender Christ ist. »Als sich am 22. November 1963 die Meldung auf dem Campus verbreitete, dass auf Präsident Kennedy geschossen worden war, legte ich gerade an der Universität eine Prüfung ab. Zusammen mit meinen Studienkollegen ging ich in die Kirche, um zu beten.«[31]

Die von Carolyn und Peter Lynch im Jahre 1988 gegründete Lynch-Foundation unterstützt unter anderem religiöse und pädagogische Bemühungen der römisch-katholischen Kirche. Darüber hinaus war Lynch 20 Jahre als Präsident der Catholic Schools Foundation in Boston tätig. Unter seiner Führung wurden im Großraum Boston mehr als 60.000 Schüler mit Stipendien dieser Stiftung unterstützt.

Die Arbeit als Fondsmanager hatte ihren Tribut gefordert. Lynch hatte kaum noch freie Zeit, um an Kultur- und Sportveranstaltungen teilzunehmen. Auch zum Lesen von Büchern und für sportliche Aktivitäten hatte er in den Jahren als Fondsmanager kaum Zeit gehabt. Vor allem aber fehlten ihm seine Frau und die drei Töchter. »Sie mussten sich beinahe jedes Wochenende neu bei mir vorstellen. Ich verbrachte mehr Zeit mit Fannie Mae [The Federal National Mortgage Association], Freddie Mac [The Federal Home Loan Mortgage Corporation] und Sallie Mae [Student Loan Marketing Association] als mit meinen Kindern.«[32] »Inzwischen erschien mir Sallie Mae im Traum und ich hatte höchst romantische Begegnungen mit meiner Frau Carolyn, wenn unsere Wagen in der Einfahrt aneinander vorbeifuhren.«[33]

Konsequent und frei nach der Lebensweisheit, »Man soll aufhören, wenn es am schönsten ist«, legte Peter Lynch 1990 seine Tätigkeit als Fondsleiter bei Fidelity nieder. Er gab auch die Leitung eines Pensionsfonds für Angestellte unter anderem von Kodak, Ford und Eaton auf – der übrigens noch bessere Ergebnisse als der Magellan Fund erzielte. »Ohne, dass die meisten Leute davon wussten, hatte ich zusätzlich für einige große Unternehmen, darunter mit den größten Anteilen Kodak, Ford und Eaton, einen Pensionsfonds für Angestellte in der Höhe von 1 Milliarde US-Dollar geleitet. Dieser Pensionsfonds erzielte bessere Ergebnisse als Magellan, weil ich dort mit weitaus weniger Restriktionen investieren konnte. Zum Beispiel durfte man bei einem Pensionsfonds mehr als 5 Prozent der Vermögenswerte in eine einzige Aktie investieren, was bei einem Publikumsfonds nicht möglich war.«[34]

Ebenso stringent reagierte Lynch auf die Vielzahl von Angeboten, als Manager eines anderen Fonds tätig zu werden. Er lehnte all diese Angebote ab. »Hat man aber das Glück, in seinem Leben derart begünstigt worden zu sein, wie es bei mir der Fall war, dann kommt der Punkt, an dem man sich entscheiden muss: Wird man zum Sklaven des eigenen Kapitals, indem man den Rest seines Lebens dafür opfert, es zu vermehren, oder lässt man das, was man angehäuft hat, endlich für sich arbeiten.«[35]

Angehäuft hatte Lynch in seiner Zeit als Leiter des Magellan Fund eine Menge. Sein Jahresgehalt bei Fidelity hatte mehrere Millionen US-Dollar pro Jahr betragen. Lynch war einer der bestbezahlten Fondsmanager der Welt.[36] 16 Jahre nach seinem Ausstieg bei Fidelity wurde Lynch im Boston Magazin auf Platz 40 der reichsten Menschen im Großraum Boston geführt. Sein damaliges Vermögen wurde auf 352 Millionen US-Dollar geschätzt. Einen großen Teil seines Vermögens hatte Lynch zu diesem Zeitpunkt in seine gemeinnützige Stiftung eingebracht sowie in Immobilien angelegt.[37]

Ganz ohne Arbeit konnte der Workaholic Lynch jedoch nicht leben. Er war noch einige Jahre als Berater und stellvertretender Vorsitzender von Fidelity Management & Research Co. tätig. Bereits 1988, also zwei Jahre vor seinem Rückzug als Fondsmanager, hatte Peter Lynch zusammen mit seiner Frau Carolyn die Lynch-Stiftung gegründet. Ziel dieser wohltätigen Einrichtung ist es, Stipendiaten in den Bereichen Bildung, Kultur- und Denkmalpflege, Gesundheitsversorgung und Wohlbefinden sowie die religiösen und pädagogischen Bemühungen der römisch-katholischen Kirche im Großraum Boston zu unterstützen.[38] Im Oktober 2015 verstarb Lynchs Ehefrau und Präsidentin der Lynch-Stiftung, Carolyn Lynch, an den Folgen einer Leukämieerkrankung im Alter von 69 Jahren.

Peter Lynch wurde nach seiner äußerst erfolgreichen Tätigkeit als Leiter des Magellan Fund mit zahlreichen Auszeichnungen geehrt. 2009 wurde er durch die Bostoner Handelskammer in die »Akademie der angesehensten Bostoner« aufgenommen. Er ist Träger eines Ehrendoktortitels der Rechtswissenschaften am Boston College.

DIE EINZIGARTIGE ERFOLGSBILANZ DES PETER LYNCH IN ZAHLEN

»Als ich 1990 meinen Job aufgab, übertraf der Fonds erneut den Markt. In allen 13 Jahren, die ich auf dem Posten war, hat Magellan außerdem stets den durchschnittlichen Fonds übertroffen.«[39]

Als einer der erfolgreichsten Fondsmanager aller Zeiten ist Peter Lynch in den Olymp der Börsenlegenden aufgestiegen. In nur 13 Jahren gelang es ihm, aus dem kleinen Fidelity Magellan Fund einen der größten und erfolgreichsten Fonds aller Zeiten zu machen. *Lynch erzielte mit dem Magellan Fund eine durchschnittliche Jahresrendite von sagenhaften 29,2 Prozent und konnte den Markt um Längen schlagen.*

Investoren, die 1977 die runde Summe von 1000 US-Dollar in den Magellan Fund angelegt hatten, besaßen 1990, als Peter Lynch seinen Job als Fondsmanager aufgab, 28.000 US-Dollar. Damit hatte Lynch aus dem kleinen Magellan Fund mit einem Fondsvolumen von 18 Millionen US-Dollar den größten Fonds der Welt mit einem Volumen von 14 Milliarden US-Dollar gemacht.

Gewinnentwicklung des Magellan Fund im Vergleich zum S&P 500[40]

	Magellan Fund	S&P 500
(1990)	-4,51 %	-6,56 %
1989	34,58 %	27,25 %
1988	22,76 %	12,40 %
1987	1,00 %	2,03 %
1986	23,74 %	14,62 %
1985	43,11 %	26,33 %
1984	2,03 %	1,40 %
1983	38,59 %	17,27 %
1982	48,06 %	14,76 %
1981	16,45 %	-9,73 %
1980	69,94 %	25,77 %
1979	51,73 %	11,59 %
1978	31,71 %	1,71 %
(1977)	14,46 %	-11,50 %

Quelle: finance.yahoo.com/quote/FMAGX/performance/ und de.wikipedia.org/wiki/S%26P_500

Anmerkung: In den Jahren 1977 und 1990 war Peter Lynch nur ein paar Monate für den Magellan Fund verantwortlich. Die Zahlen sind daher in Klammern dargestellt.

DIE INVESTMENT-STRATEGIE VON PETER LYNCH

»Tatsache ist, dass ich niemals eine allgemeingültige Strategie
hatte. Meine Aktienauswahl war völlig empirisch, und
ich schnüffelte mich von einer Spur zur nächsten, wie ein
Bluthund, der auf einen bestimmten Geruch trainiert worden
ist.«[41]

Peter Lynch, einer der erfolgreichsten Fondsmanager aller Zeiten, betont in seinen drei hervorragenden Büchern, *Der Börse einen Schritt
voraus*, *Aktien für Alle* und *Lynch 3*, immer wieder die große Freiheit,
die ihm sein Arbeitgeber bei der Aktienauswahl ließ. So investierte
Lynch im Laufe der 13 Jahre, in denen er den Magellan Fund leitete,
in mehr als 15.000 Unternehmen.[42]

Er hatte sowohl Blue Chips – wie zum Beispiel Chrysler, Fannie
Mae und Volvo – als auch Unternehmen, die kaum bekannt waren –

wie zum Beispiel Rogers Communications und King World Productions – in seinem Fondsportfolio. »Ich konnte mir den Luxus leisten, Aktien von Firmen zu kaufen, die völlig unbekannt waren.«[43]

Auch die Struktur des Magellan Fund engte Lynch bei seinen Investments nicht ein. Als Manager eines Capital-Appreciation-Fonds hatte er freie Hand bei der Auswahl von Aktien und musste sich nicht an festen Auswahlkriterien orientieren. »Die Manager verfügen hier über genügend Spielraum, so viele und verschiedene Aktien zu kaufen, wie sie möchten, und müssen sich dabei nicht an einer besonderen Philosophie orientieren. Zu dieser Gruppe gehört Magellan«,[44] so Peter Lynch in seinem zweiten Buch *Aktien für Alle*.

Der weit verbreiteten Meinung, dass Magellan ein Emerging-Growth-Fonds war, der vor allem auf aufstrebende Wachstumsunternehmen mit geringer Marktkapitalisierung setzte, widerspricht Lynch ausdrücklich: »Die beliebte Theorie, dass der Hauptfaktor von Magellans Erfolg in den Wachstumsaktien der Kleinunternehmen lag, schießt weit an der Realität vorbei.«[45] Aber der Tatsache, dass er auch mit Wachstumsaktien große Erfolge hatte, widerspricht Lynch nicht: »Die allerbeste Methode, an einer Börse Geld zu verdienen, ist, in ein kleines Wachstumsunternehmen, das seit einigen Jahren profitabel arbeitet und einfach weiter wächst, zu investieren.«[46] Die größten Gewinne fuhr Lynch aber mit Aktien etablierter Großunternehmen, wie zum Beispiel den Hypothekenbanken Fannie Mae (500 Millionen US-Dollar) und Sallie Mae (65 Millionen US-Dollar), dem Tabakwarenhersteller Philip Morris (111 Millionen US-Dollar) und den Automobilherstellern Ford (199 Millionen US-Dollar) und Volvo (79 Millionen US-Dollar) ein.[47]

Aber auch wenn Lynch die große Freiheit bei der Gestaltung seines Aktienportfolios sehr schätzte, ging er nicht unsystematisch, sondern empirisch (methodisch-systematisch) vor. Oder anders ausgedrückt: Als Aktien-Bluthund war er auf einen bestimmten Geruch – die Gewinnmaximierung – trainiert worden. Und als Bluthund war Lynch sehr erfolgreich, wie die Erfolgsgeschichte des Magellan Fund zeigt.

Auch wenn Lynch keine allgemeingültige Pauschalstrategie präsentieren kann, hat er in seinen drei Büchern diverse Tipps und Hinweise gegeben und aufgezeigt, wie er bei der Auswahl seiner Investments vorging. Wenn Sie diesen Strategie-Ansätzen folgen, sind auch Sie zukünftig auf der richtigen Fährte! Wir haben diese auf den folgenden Seiten für Sie zusammengefasst.

BÖRSENNEULINGE KÖNNEN BÖRSENPROFIS
SCHLAGEN

»Ich werde weiterhin so oft als irgend möglich wie ein
Börsenlaie denken.«[48]

»Das Wichtigste ist aber, dass Sie ausgezeichnete Gelegen-
heiten in Ihrer unmittelbaren Umgebung oder von Ihrem
Arbeitsplatz aus finden können, und zwar Monate oder Jahre,
bevor die Neuigkeit die Analysten erreicht.«[49]

Peter Lynch macht allen Börsenneulingen Mut. Er ist fest davon
überzeugt, dass Börsenlaien gegenüber professionellen Fondsmanagern klar im Vorteil sind. Denn als Börseneinsteiger unterliegen
sie keinem Gruppenzwang: »Diese Profis sind nämlich ein Teil einer
Herde von Fondsmanagern, die die Neigung haben, miteinander auf
derselben Weide zu grasen. Sie fühlen sich bestätigt, wenn sie diesel-
ben Aktien kaufen wie andere Manager, und sie vermeiden es, in Ge-
lände abzuwandern, mit dem sie nicht unbedingt vertraut sind. [...]
Sie übersehen vor allem manchmal die neueren, unerfahrenen Gesellschaften, die oft strahlende Sterne im Wirtschaftsleben werden und
deren Aktien die höchsten Gewinne erzielen.«[50]

Neben dem Gruppenzwang unterliegen Fondsmanager auch noch
weiteren Einschränkungen. So gibt es firmeninterne Vorgaben, de-

nen Fondsmanager folgen müssen: »Großen Fonds ist es erst dann erlaubt, Aktien von kleinen Unternehmen zu kaufen, wenn sie kein günstiger Kauf mehr sind.«[51] So verpassen Fondmanager den Kauf von Aktien kleiner, wachstumsstarker Unternehmen. Sie als Börsenlaie können hier jedoch ungezwungen zuschlagen und in Newcomer-Aktien investieren.

Aber auch gesetzliche Vorgaben hemmen die Börsenprofis bzw. Fondsmanager. »Er [der Fondsmanager] darf nicht mehr als 5 Prozent der Gelder seiner Kunden für die Aktien eines einzelnen Unternehmens riskieren. Diese Anordnung hindert die Fonds daran, zu viel auf eine einzige Karte zu setzen.«[52]

Hinzu kommt, dass Sie als freier Stockpicker (Stockpicking ist die Auswahl einzelner, aussichtsreicher Aktien) keine Gebühren für die Verwaltung Ihres Aktienportfolios zahlen müssen. Wenn Sie jedoch den bequemeren Weg wählen und in einen Aktienfonds investieren, mindern die Gebühren, sprich der Ausgabeaufschlag und die jährliche Verwaltungsgebühr, Ihren Erfolg nicht unerheblich: »Neben dem Anteil an den Gewinnen, die der Fonds erzielt, müssen Sie aber auch einen Teil der Kosten des Fondsmanagements und den sonstigen Unkosten des Fonds übernehmen. [...] Sie kosten den Investor je nach Art des Fonds jährlich zwischen 0,5 Prozent und 2 Prozent seines Einsatzes.«[53]

Gerade Laien können, wenn sie mit offenen Augen und Ohren durchs Leben gehen, Newcomer am Börsenhimmel besser erkennen als Börsenprofis bzw. Fondsmanager. »Wenn Sie nur halbwegs wachsam bleiben, können Sie die interessantesten Unternehmen direkt im Umfeld Ihres Arbeitsplatzes oder im nächstgelegenen Einkaufszentrum aufspüren und dies, lange bevor die Börse darauf stößt.«[54]

Conclusio: Börsenprofis zu schlagen ist einfach und macht Spaß

Wenn Sie mit offenen Augen und Ohren interessante, vielverspre-
chende Unternehmen ausfindig machen, sind Sie gegenüber Börsenprofis klar im Vorteil. Und wenn sich die von Ihnen entdeckten Akti-
en dann auch noch gut entwickeln, werden Sie trotz der Mühe auch
Freude am Wachsen und Gedeihen Ihres Aktienportfolios haben. »Ich
habe bereits erwähnt, dass ein Amateur, der mit großem Aufwand
Firmen aus Industriezweigen studiert, von der sie oder er etwas versteht, 95 Prozent der bezahlten Fondsmanager übertreffen kann und
dabei noch Spaß hat.«[55]

DAS INVESTMENT-RANKING
NACH PETER LYNCH

Wer Peter Lynch nur mit Aktien in Verbindung bringt, tut ihm unrecht. Der ehemalige Fondsmanager hat ein Ranking der Investments erstellt, die sich sehr gut und (in absteigender Reihenfolge) weniger gut für Anleger eignen. Dieses Ranking stellen wir Ihnen im Folgenden vor.

NR. 1: WOHNEIGENTUM

> »In den meisten Fällen ist der Erwerb eines Hauses oder einer
> Eigentumswohnung der Kauf mit dem höchsten Gewinn,
> den Leute jemals machen. Ein Haus hat zwei große Vorteile
> gegenüber anderen Anlageformen. Sie können darin wohnen,
> während Sie auf den Wertzuwachs warten, und Sie kaufen es
> mit geborgtem Geld.«[56]

Auch wenn Peter Lynch als erfolgreicher Manager eines Aktienfonds Berühmtheit erlangt hat, ist für ihn das beste Investment nicht der Kauf von Aktien oder Fondsanteilen. Er empfiehlt: »Bevor Sie also damit anfangen, in Aktien zu investieren, sollten Sie den Kauf eines Hauses in Betracht ziehen, denn schließlich handelt es sich dabei um dasjenige Investment, bei dem fast jeder erfolgreich ist.«[57]

———— ∿ ————

Praxistipp: Erst in die eigenen vier Wände und dann in Aktien investieren.

Hier möchten wir den erfolgreichsten Fondsmanager zitieren: »Neben einem eigenen Haus sind Aktien vermutlich die beste Anlage, die Sie jemals tätigen werden.«[58]

———— ∿ ————

NR. 2: AKTIEN

> »Das große Gesamtbild verdeutlicht uns, dass Aktien ihren Besitzern während der letzten 70 Jahre einen Gewinn von 11 Prozent pro Jahr eingebracht haben, wohin es bei T-Bills, T-Bonds [Anm. d. Red.: US-Staatsanleihen mit kurz- bzw. langfristiger Laufzeit] und Sparbriefen weniger als die Hälfte dessen war.«[59]

Peter Lynch betont immer wieder, dass die Investition in Aktien die mit Abstand lukrativste Anlageform an der Börse ist: »Aktien sind risikoreicher als Anleihen, bieten aber die Aussicht auf wesentlich höhere Gewinne.«[60]

———— ⌒ ————

Praxistipp: Investieren Sie Ihr freies Kapital in Aktien.

Langfristig gesehen ist die Investition in Aktien die mit großem Abstand beste Form der Geldanlage. Daher empfiehlt Lynch jedem Investor, »den Aktienanteil innerhalb Ihres Portfolios bis an Ihre Toleranzgrenze zu erhöhen«.[61] In einem seiner Börsenratgeber fordert er seine Leser eindringlich auf: »Kaufen Sie Aktien! Wenn dies die einzige Lektion ist, die Sie aus diesem Buch erlernen, dann hat sich die Mühe des Schreibens bereits gelohnt.«[62]

———— ⌒ ————

NR. 3: FONDS

»Heute muss man sich den Kopf zerbrechen, für welchen Fonds man sich entscheidet. [...] Es gibt inzwischen Länderfonds und Regionalfonds, Hedgefonds und Substanzwertefonds, Wachstumsfonds, einfache Fonds und Mischfonds, Contrary Fonds, Indexfonds und sogar Fonds von Fonds.«[63]

Obwohl Peter Lynch als Fondsmanager Kultstatus erlangt hat, ist für ihn das individuelle Investieren in einzelne Aktienwerte, also das Stockpicking, die erste Wahl. Warum das so ist, erläutert er in folgender Aussage: »Es gelingt den Fondsmanagern aber oft nicht einmal, mit dem Aktiendurchschnittskurs Schritt zu halten. In manchen Jahren erwirtschaften mehr als die Hälfte aller Fonds ein schlechteres Ergebnis als der Aktiendurchschnitt. Eine der Ursachen für dieses Nichterreichen des Durchschnitts liegt in der Belastung der Anleger mit den Unkosten und Gebühren.«[64]

Bevor Sie sich für einen Fonds entscheiden, schauen Sie sich die Entwicklung des Fonds in den vergangenen drei, fünf und zehn Jahren genau an, oder, wie Lynch es ausdrückt: »Konzentrieren Sie sich […] auf solche Fonds, die eine solide Performance aufweisen können, und bleiben Sie dabei.«[65]

Für Lynch kommt dabei nur das Investment in Aktienfonds infrage. Andere Fondstypen lehnt er kategorisch ab: »Wenn Sie langfristig investieren wollen, […] sollten Sie alle Anleihenfonds und gemischte Fonds meiden und sich nur auf Aktienfonds konzentrieren.«[66]

Insbesondere empfiehlt er das Investment in Indexfonds (auch ETFs genannt). Hier entfallen die zum Teil hohen Managementgebühren. »Hierbei [gemeint sind Indexfonds] gibt es keine Probleme, es sind keine Fachleute zu bezahlen, praktisch keine Managementgebühren, keine Aufschläge beim Kauf oder Verkauf verschiedener Aktien und es müssen keine Entscheidungen getroffen werden.«[67]

Ein weiterer Vorteil, der für die Investition in Indexfonds spricht, ist deren gute Performance. »Innerhalb des letzten Jahrzehnts haben die Indexfonds die verwalteten Fonds stets übertroffen, und das mit einem großen Vorsprung.«[68]

An anderer Stelle rät Lynch, bei der Investition in Fonds eine Diversifizierungsstrategie zu verfolgen und das Geld in mehrere Aktienfonds anzulegen: »Sie sollten Ihr Geld am besten unter drei oder vier Aktienfondstypen (Wachstum, Substanzwerte, Kleinunternehmen usw.) aufteilen, sodass Sie immer einen Teil des Geldes im profitabelsten Marktsektor investiert haben. Wenn Sie Ihr Portfolio aufstocken, dann investieren Sie es in den Sektor, der dem Markt seit einigen Jahren hinterherhinkt.«[69]

Mehrfach betont Lynch, dass er kein Freund des Fondshopping ist, des ständigen Wechsels zwischen Fonds. »Es lohnt sich nicht, zwischen verschiedenen Fonds hin- und herzuhüpfen. [...] Man ist viel besser dran, wenn man einen Fonds mit sehr guten Ergebnissen in der Vergangenheit auswählt und dabeibleibt.«[70] »Es ist besser, an einem beständigen und kontinuierlichen Fonds festzuhalten, als in Fonds ein- und auszusteigen und zu versuchen, jeweils auf dem neuesten Trend mitzureiten.«[71]

Praxistipp: Setzen Sie auf Aktienfonds mit guter Performance.

Peter Lynch verweist in seinen Büchern auf amerikanische Fachzeitschriften, in denen Sie umfangreiche Informationen über Fonds finden. »In den Wochenzeitungen Barron's und Forbes kann man nachlesen, welche Fonds über viele Jahre hinweg an der Spitze lagen.«[72] »Eine hervorragende Informationsquelle [zur Auswahl des richtigen Fonds] ist die Honor Roll in der Forbes, die das Magazin jeweils im September publiziert.«[73] Darüber hinaus verweist Lynch auch auf das sogenannte Lipper-Rating, mit dem Sie den optimalen Fonds nach unterschiedlichen Kriterien (z. B. Gesamtertrag, Kapitalertrag, Steuervorteil) recherchieren können. Das Lipper-Rating finden Sie im Internet unter www.lipperleaders.com.[74]

Als Anleger aus dem deutschsprachigen Raum werden Sie sich jetzt vermutlich fragen, ob es entsprechende Informationen auch in deutscher Sprache gibt, die zudem die hiesigen Verhältnisse berücksichtigen. Eine sehr gut gemachte und informative Internetquelle für Fondsbewertungen in deutscher Sprache finden Sie auf der Seite: www.morningstar.de.

Auf dieser Seite finden Sie die wichtigsten Fakten über den ausgewählten Fonds (Kosten, Fondsmanagement, Anlageschwerpunkt, Rendite über mehrere Zeiträume, die wichtigsten Fondspositionen, eine aktuelle Fonds-Note etc.).

Außerdem finden Sie dort jeweils einen Querverweis auf ähnliche Fonds (Fondskategorie), sodass Sie vergleichen können, wo der ausgewählte Fonds im Ranking steht und welche Fonds ganz oben und unten notieren.

Informationen über die Performance von Fonds finden Sie auch in der deutschen Wirtschaftspresse, wie zum Beispiel dem *Handelsblatt*, der *WirtschaftsWoche* und der *FAZ*. Auch die von der Stiftung Warentest herausgegebene Zeitschrift *Finanztest* bietet regelmäßig umfangreiche Informationen über Fonds.

─────── ∿ ───────

NR. 4: FESTVERZINSTE SCHULDTITEL (ANLEIHEN, GELDMARKTFONDS UND SCHATZBRIEFE)

»Historisch gesehen ist die Aktienanlage ohne jeden Zweifel profitabler als der Kauf von Anleihen.«[75]

»Früher oder später wird sich ein Aktienportfolio oder ein Aktienfonds als sehr viel lohnenswerter erweisen als ein Anleihenportfolio, als Sparbriefe oder Geldmarktfonds.«[76]

»Trotz der Marktzusammenbrüche, Krisen, Kriege und Rezessionen, verschiedener Regierungsperioden und zahlreicher Veränderungen der Rocklängen lag man mit Aktien in der Regel fünfzehnmal besser als mit Industrieanleihen und fast vierzigmal besser als mit Schatzanweisungen.«[77]

Für Peter Lynch stellt die Investition in Anleihen, Renten- und Geldmarktfonds sowie Schatzbriefe zumindest langfristig gesehen keine wirkliche Alternative zur direkten Investition in Aktien (Stockpicking) dar. Er begründet dies damit, dass mit Anleihen nur ein Bruchteil der Rendite möglich ist, die Aktien erzielen. »Mit Anleihen werden Sie Ihr Geld niemals verzehnfachen, es sei denn, Sie würden waghalsige Spekulationen mit solchen Anleihen eingehen, deren Rückzahlung fraglich ist.«[78]

Ein weiterer Grund für die höhere Profitabilität von Aktien liegt darin, dass Sie als Aktionär am Wachstum eines Unternehmens beteiligt sind und bei Anleihen nur von einer festen Verzinsung profitieren. Lynch formuliert diesen Zusammenhang wie folgt: »Bei Aktien profitiert man vom Wachstum des Unternehmens. Man ist Teilhaber an einem expandierenden, lukrativen Geschäft. Mit Anleihen sind Sie nicht mehr und nicht weniger als die nächsterreichbare Geldquelle. Das Beste, was man erwarten kann, wenn man jemandem Geld leiht, ist, es mit Zinsen zurückzubekommen.«[79]

Lynch räumt jedoch ein, dass der Kauf von Anleihen – kurzfristig gesehen – durchaus lukrativ sein kann. Das ist dann der Fall, wenn die Verzinsung dieser Papiere zweistellig ausfällt. So wurden US-Staatsanleihen mit einer Laufzeit von 20 Jahren Anfang der 1980er-Jahre mit 16 Prozent verzinst. Heute wäre eine solche Verzinsung allenfalls mit Junk Bonds denkbar, also hochgradig ausfallgefährdeten Papieren, von denen Lynch allerdings – siehe oben – rundweg abrät.

Ein zweites Argument, das für den Kauf von Zinspapieren spricht, ist das begrenzte Risiko. So empfiehlt er Personen, die risikoscheu sind, ihr Geld in Zinspapiere anzulegen. »Wenn Sie wirklich jedes Risiko scheuen, dann müssen Sie Ihr Geld auf dem Bankkonto lassen oder in Geldmarktfonds investieren.«[80]

Praxistipp: Der Kauf von Zinspapieren ist eher uninteressant.

Investieren Sie in Zinspapiere – wie zum Beispiel Unternehmens- und Staatsanleihen, Geldmarkt- und Rentenfonds – nur, wenn die Papiere eine gute Qualität (Bonität) und eine hohe Verzinsung bei langer Laufzeit haben. Ein Investment in Zinspapiere ist ebenfalls interessant, wenn Sie auf kurze Sicht kein (größeres) Risiko mit Ihrer Geldanlage eingehen wollen.

NR. 5: OPTIONEN, TERMINKONTRAKTE UND LEERVERKÄUFE

>»Warren Buffett meint, dass Aktienterminkontrakte und Optionen verboten werden sollten, und ich bin ganz seiner Meinung.«[81]

Lynch lehnt die Investition in Optionen und Termingeschäfte und auch sogenannte Leerverkäufe kategorisch ab. Geschäfte dieser Art sind hochspekulativ. Lynch beschreibt das beispielsweise so: »Die Gewinnchancen sind hier schlechter als im ungünstigsten Fall im Spielcasino oder auf der Pferderennbahn. Und doch hält sich hartnäckig die Vorstellung, dass es sich um ernsthafte Alternativen handelt.«[82]

Praxistipp: Lassen Sie als Privatanleger die Finger von Optionen, Terminkontrakten und Leerverkäufen.

Optionen, Termingeschäfte und Leerverkäufe sind hochspekulativ. Überlassen Sie diese Art von Geschäften den absoluten Börsenprofis bzw. professionellen Terminhändlern. Machen Sie es wie Peter Lynch, der sagt: »In meiner ganzen Investmentlaufbahn habe ich nie eine Option oder einen Terminkontrakt gekauft und ich kann mir nicht vorstellen, dies künftig zu ändern.«[83]

AKTIENAUSWAHL –
SIEH, DAS GUTE LIEGT SO NAH

»Investiere niemals in eine Idee, die man nicht mit einem Buntstift veranschaulichen kann.«[84]

»20 Jahre in diesem Geschäft haben mich davon überzeugt, dass jeder normale Mensch, der die üblichen drei Prozent seines Gehirns benutzt, bei der Aktienauswahl mindestens genauso gut, wenn nicht besser liegen kann, als der durchschnittliche Börsenexperte.«[85]

Allein in Deutschland gibt es rund 800 börsennotierte Unternehmen. Weltweit gibt es über 40.000 börsengehandelte Aktiengesellschaften. Da fällt gerade einem Börsenneuling die Auswahl schwer. Aber auch hier hat Lynch einige einfache, aber überzeugende Tipps parat, die Sie im Folgenden kennenlernen.

SCHAUEN SIE SICH IN IHREM UMFELD UM

Die beste Recherchemöglichkeit nach lukrativen Aktienideen liegt laut Lynch in der eigenen Umgebung.[86] »Innerhalb des Hauses, auf der Straße, innerhalb der Schule und in den Einkaufszentren können Sie es gar nicht vermeiden, auf eine große Zahl von Erzeugnissen von Aktiengesellschaften zu stoßen.«[87] Er empfiehlt weiterhin, Aktien von Firmen zu kaufen, deren Produkte man auch privat nutzt: »Das zu kaufen, was man kennt, ist eine sehr kultivierte Strategie, die viele Profis in der Praxis vernachlässigt haben.«[88]

ACHTEN SIE DARAUF, WELCHE TRENDIGEN PRODUKTE IHRE FAMILIENMITGLIEDER KAUFEN

Einige Tipps hat Peter Lynch auch von seinen Familienmitgliedern erhalten. »Vor ein paar Jahren saßen wir am Küchentisch, als [Lynchs Tochter] Annie fragte: ‚Ist Clearly Canadian an der Börse notiert?‘, eine der Fragen, zu der man in unserer Familie ermutigt wird. Ich wusste bereits, dass die Kinder dieses neue Sprudelgetränk mochten.« Da Lynch das Unternehmen zunächst nicht in den Standard-Börsenverzeichnissen finden konnte, vergaß er Clearly Canadian, was er später sehr bereute: »Es stellte sich heraus, dass Clearly Canadian an der kanadischen Börse notiert [...] war. Nachdem Clearly Canadian 1991 an die Börse ging, stieg der Kurs innerhalb eines Jahres von 3 Dollar auf 26,75 Dollar, was praktisch einem Ninebagger [eine Aktie, die ihren Wert verneunfacht, Anm. d. Red.] gleichkam.«[89]

»Es waren die Kinder, die mich auf Pizza Time Theater gebracht hatten, eine Aktie, von der ich wünschte, ich hätte sie nicht gekauft, und Chi-Chi's, eine Aktie, von der ich wünschte, ich hätte sie gekauft.«[90] Einen weiteren Tipp bekam Lynch durch seine Frau Carolyn: »Ebenso hatte ich Hanes entdeckt (dank meiner Frau Carolyn, die verrückt nach deren L'eggs-Strümpfen war).«[91]

INVESTIEREN SIE IN FIRMEN, DIE EINFACHE PRODUKTE HABEN

Ähnlich wie Warren Buffett investiert Lynch bevorzugt in Unternehmen, die bzw. deren Produkte er auch versteht (Anmerkung der Autoren: In der Börsenlegenden-Buchreihe ist auch der Band *Alles, was Sie über Warren Buffett wissen müssen* mit einem ausführlichen Strategie-Kapitel erschienen).

In neue Technologien haben die beiden Börsenlegenden daher nicht investiert. »Zum Glück habe ich niemals sehr viel Geld in Dinge investiert, von denen ich nichts verstand, was die meisten Technikfirmen entlang der Route 128 in der Umgebung von Boston einschloss.«[92]

Allerdings kaufte Lynch sehr häufig Aktien von Restaurant-Ketten wie zum Beispiel Taco Bell und Cracker Barrel Old Country Store, Inc., denn »Fast-Food-Restaurants zogen mich an, weil sie so einfach zu verstehen waren«.[93] Wenn Sie also die Wahl zwischen einer Investition in eine neue Technologie oder in ein einfaches Produkt haben, wählen Sie das einfache Produkt. Oder wie Lynch es ausdrückt: »Wenn ich mich entscheiden müsste, ob ich in den ultimativen Computerchip oder den ultimativen Bagel investieren sollte, würde ich mich immer für den Bagel entscheiden.«[94]

SCHAUEN SIE SICH IN IHRER BRANCHE NACH INVESTITIONSMÖGLICHKEITEN UM

In der Branche, in der Sie beruflich tätig sind, kennen Sie sich aus. Nutzen Sie diesen Informationsvorsprung und investieren Sie in das Unternehmen, in dem Sie tätig sind, oder in andere interessante Unternehmen Ihrer Branche. »Personen, die einen Informationsvorteil haben, befinden sich grundsätzlich in einer günstigeren Ausgangsposition, um entsprechend reagieren zu können. Sie sind schließlich die Ersten, die auf wichtige Veränderungen in ihrem Umfeld aufmerksam werden, während sie in einer Branche, von der sie nichts oder wenig verstehen, als Letzte erfahren, was eigentlich los ist.«[95]

Praxistipp: Entwickeln Sie den Investment-Blick.

Gehen Sie mit offenen Augen und Ohren durch Ihr Leben. Entdecken Sie ein interessantes Produkt, recherchieren Sie im Internet, ob die Firma, die dieses Produkt herstellt, börsennotiert ist. So können Sie laut Lynch mindestens zwei- bis dreimal im Jahr auf eine potenzielle Chance stoßen. Und wenn Sie einmal keine Idee haben, in welches Unternehmen Sie Ihr Geld anlegen können, fahren Sie in das nächstgelegene Einkaufszentrum und suchen Sie dort nach spannenden (neuen) Produkten. Denn so macht es auch Peter Lynch: »Ich fuhr unverzüglich zu meiner Lieblingsquelle für Investitionsideen, dem Einkaufszentrum Burlington Mall.«[96]

WAS SIE VOR DEM KAUF EINER AKTIE
BEACHTEN SOLLTEN

Peter Lynch wäre nicht zu dem erfolgreichen Fondsmanager geworden, der er war, wenn er seine Investmentideen nicht vor dem Kauf genau auf Herz und Nieren geprüft hätte. Hier seine Empfehlungen zum Vorgehen bei der Analyse potenziell interessanter Aktien.

1. ANALYSIEREN SIE DIE FUNDAMENTALDATEN

»Ein vielversprechendes Unternehmen ausfindig zu machen, ist nur die eine Seite, die entsprechenden Nachforschungen anzustellen, die andere.«[97]

»Eine Investition ohne entsprechende Nachforschungen ist wie das Spielen von Studpoker, ohne die Karten anzuschauen.«[98]

»Das ist der Ausgangspunkt für den erfolgreichen Aktiensucher: Finde Unternehmen, die Aussichten dafür bieten, dass sie ihre Gewinne über viele weitere Jahre hinweg steigern können.«[99]

Haben Sie einige interessante Unternehmen – möglicherweise aus Ihrem persönlichen Umfeld, Beruf oder dem Einkaufszentrum in Ihrer Nähe – entdeckt, kaufen Sie deren Aktien bitte nicht voreilig. Schauen Sie sich die Fundamentaldaten bzw. Kennzahlen der betreffenden Unternehmen erst sehr sorgfältig an. »Eigene Nachforschungen: Dies ist die höchste Form der Aktienauswahl. Sie wählen die Aktie, weil Ihnen das Unternehmen gefällt, und das Unternehmen gefällt Ihnen, weil Sie es in allen Einzelheiten studiert haben.«[100]

Lynch macht den Börsenlaien Mut, denn die Überprüfung der ausgewählten Aktien auf ihre Substanz ist einfacher als gedacht: »Es ist wirklich nicht so schwierig, sich alle notwendigen Informationen über eine Aktie zu beschaffen. Dies dauert in der Regel kaum länger als ein paar Stunden.«[101] Wenn Sie bedenken, dass Lynch diese Aussage im Jahre 1989 tätigte, dürfte die Beschaffung der notwendigen Informationen im Internet-Zeitalter eine Sache von nur wenigen Minuten sein.

Praxistipp: So finden Sie die wichtigsten Finanzkennzahlen im Handumdrehen.

Die wichtigsten Unternehmenskennzahlen – auch Fundamentaldaten genannt – wie zum Beispiel:

- Kurs-Gewinn-Verhältnis (KGV),
- Gewinn- und Umsatzentwicklung,
- Cashflow, Gesamtverbindlichkeiten,
- Eigenkapital und
- Dividendenentwicklung

finden Sie in zahlreichen Börsenportalen im Internet:

www.ariva.de	www.finanzen.net	www.finanztreff.de
www.boerse.de	www.finanzen100.de	www.onvista.de
www.boerse-online.de	www.finanznachrichten.de	www.wallstreet-online.de

Nicht vergessen: Der Fakten-Check

Wenn Sie über die oben vorgestellten Finanzportale ein börsennotiertes Unternehmen mit passenden Fundamentaldaten gefunden haben, sollte im nächsten Schritt der Fakten-Check folgen. Denn: Die genannten Börsenportale sind ein extrem hilfreiches Filterinstrument, sie sind jedoch nicht fehlerlos. Es können sich falsche Kennzahlen eingeschlichen haben. Vor dem Kauf einer Aktie sollten Sie daher stets die Fakten in der Originalquelle prüfen – und das ist der Geschäftsbericht des jeweiligen Unternehmens. Diese Geschäftsberichte finden Sie fast immer auf der Internetseite des betreffenden Unternehmens. Wenn Sie – hier ein fiktives Beispiel – den Geschäftsbericht der Müller AG suchen, geben Sie einfach in die Internetsuchmaschine ein: »Geschäftsbericht Müller AG«. Dort finden Sie im Regelfall die Geschäftsberichte der vergangenen Jahre.

Nutzen Sie folgende Finanzkennzahlen, um die von Ihnen gefundenen Aktien zu prüfen bzw. zu filtern:

Kurs-Gewinn-Verhältnis (KGV)

»Wenn Sie sich nicht für KGVs interessieren, dann erinnern
Sie sich wenigstens daran, Aktien mit extrem hohen KGVs zu
meiden. Sie sparen sich viel Kummer und viel Geld, indem Sie
das beherzigen.«[102]

Berechnung: KGV = Aktienkurs / Gewinn je Aktie

Das KGV (engl.: Price/Earnings-Ratio bzw. P/E) ist eine der meist
verwendeten Kennziffern zur Aktienbewertung. Es ist ein Maßstab
dafür, ob eine Aktie überbewertet, angemessen bewertet oder unterbewertet ist. DAX-Werte haben historisch betrachtet ein durchschnittliches KGV von etwa 14. Aktien mit niedrigerem KGV gelten
als günstig beziehungsweise unterbewertet. »Ein hohes KGV wirkt
bei einer Aktie genauso als Handicap wie zusätzliches Gewicht auf
dem Sattel eines Rennpferds.«[103]

Das KGV gibt Ihnen Informationen darüber, wie lange das Unternehmen benötigt, um das von Ihnen investierte Kapital zu erwirtschaften. Nehmen wir an, Sie haben im vergangenen Jahr 100 Akti-
en der Mustermann AG (KGV 6,06) für 20 Euro gekauft und dafür
2000 Euro ausgegeben. Die Mustermann AG erzielte im vergangenen
Jahr einen Gewinn pro Aktie von 3,30 Euro. Für Sie bedeutet das rein
rechnerisch einen Gewinn pro Jahr von 330 Euro (100 x 3,30 Euro).
Bei konstanter Gewinnentwicklung wird sich Ihre Investition in etwas mehr als sechs Jahren amortisiert haben (6,06 Jahre x 330 Euro/
Jahr = 2000 Euro).

Lynch rät Börsenneulingen, das KGV auch mit den Wachstumsraten eines Unternehmens (gemeint ist das Gewinnwachstum) zu vergleichen: »Generell gilt, dass ein KGV, das die Hälfte der Wachstumsrate beträgt, sehr positiv zu beurteilen ist, während eines, das das Doppelte der Wachstumsrate beträgt, sehr negativ zu bewerten ist.«[104] Die Wachstumsrate können Sie schnell in den oben genannten Börsenportalen im Internet nachschlagen oder selbst berechnen, indem Sie sich auf den Internetseiten der Aktiengesellschaft den aktuellen Geschäftsbericht herunterladen und die prozentuale Gewinnsteigerung berechnen. Es gibt dafür sogar eine eigene Kennzahl:

Price-Earnings-to-Growth-Ratio (PEG)

Bei Unternehmen mit starkem Gewinnwachstum fällt das Kurs-Gewinn-Verhältnis (KGV) oft vergleichsweise hoch aus. Dabei ist eben dieses Gewinnwachstum häufig ein schlagkräftiges Kaufargument. Hier hilft Ihnen bei der Bewertung eine Kennzahl namens Price-Earnings-to-Growth-Ratio (PEG). Das PEG teilt das Kurs-Gewinn-Verhältnis (KGV) durch das erwartete Gewinnwachstum in Prozent. Sind KGV und Gewinnwachstum identisch, liegt das PEG bei 1. Als günstig gilt eine Aktie, wenn der Wert bei 1 oder tiefer liegt (Gewinnwachstum ist größer als KGV).

Beispiel: Wächst der Gewinn je Aktie um 10 Prozent pro Jahr, sollte das KGV auch nicht über 10 liegen. In diesem Fall liegt das PEG bei 1 oder darunter. Kann das Unternehmen den Gewinn dagegen um 30 Prozent steigern, wäre auch ein vergleichsweise hohes KGV von bis zu 30 vertretbar. Abermals wäre ein Aktienkauf attraktiv, wenn das PEG einen Wert von maximal 1 hätte (Peter Lynch legt hier allerdings strengere Regeln an, mehr dazu finden Sie weiter unten in diesem Buch im Abschnitt »Gewinnentwicklung einschätzen«).

Eine mögliche Schwachstelle ist allerdings der Betrachtungszeitraum: Die betreffenden Prognosen sind schnell hinfällig, gerade angesichts einer oft unberechenbaren Konjunkturentwicklung (Platzen der Dotcom-Blase, Finanzkrise). Beim Wachstum ist es häufig nicht möglich, zuverlässige Schätzungen für die nächsten zwei oder drei Jahre abzugeben. Doch gibt es eine Handvoll Unternehmen, die relativ berechenbare Geschäftszahlen abliefern. Das PEG ist daher eine sinnvolle Ergänzung zum traditionellen KGV und zeigt etwa an, dass eine Aktie mit einem KGV von 30 nicht zwangsläufig zu teuer sein muss, vorausgesetzt, die Gewinne wachsen stark. Umgekehrt kann ein KGV von 10 teuer sein, wenn die Gewinne stagnieren. Allein aufgrund eines niedrigen PEG sollten Sie sich aber niemals für eine Aktiengesellschaft entscheiden. Diese Kennzahl sollten Sie stets in Verbindung mit den anderen Kennzahlen betrachten. Außerdem empfiehlt es sich zu recherchieren, ob die Faktenlage wirklich für die prognostizierten Wachstumsraten spricht.

Beachten Sie: Das KGV ist ein nützliches Bewertungskriterium. Es sollte aber – wie auch das PEG – nicht der einzige Maßstab für die Entscheidung zugunsten einer Aktie sein. So setzt das KGV in Sachen Amortisation über die Jahre gleichbleibende Gewinne voraus. Doch können sich die Gewinne in der Realität über mehrere Jahre hinweg sehr unterschiedlich entwickeln. Insbesondere wachstumsstarke Unternehmen weisen in der Regel überdurchschnittlich hohe KGVs auf. Sie können aber trotzdem für den Investor sehr lukrativ sein. Auch bei der Bewertung von Unternehmen, die negative Ergebnisse – also

Verluste – erwirtschaften, ist das KGV nicht aussagekräftig. Peter Lynch empfiehlt daher: »Es wäre stupide, sich an KGVs festzubeißen, aber Sie sollten sie auch nicht ganz aus den Augen verlieren.«[105]

***

Praxistipp: So recherchieren Sie schnell und übersichtlich nach dem Kurs-Gewinn-Verhältnis

Unter www.boersengefluester.de finden Sie ein interessantes Tool namens Heatmap: KGV. Dort können Sie sich über 500 börsennotierte Aktiengesellschaften nach der Höhe ihres KGV per Mausklick anzeigen lassen. Zusätzlich können Sie auch diese Konzerne nach weiteren Kriterien filtern (z. B. nach Indexzugehörigkeit und Wirtschaftszweigen). Hilfreich ist bei der Kennzahlensuche auch die Datenbank von Börse Online unter www.boerse-online.de/aktien/aktiensuche.

***

Gewinnentwicklung einschätzen

>»Finde Unternehmungen, die Aussichten dafür bieten, dass sie ihre Gewinne über viele Jahre hinweg steigern können.«[106]

>»Wenn es um Marktvorhersagen geht, ist die wichtigste Fähigkeit nicht die, zuhören zu können, sondern die, schnarchen zu können.«[107]

Lynch betont immer wieder, dass er kein Hellseher oder gar Wahrsager ist. Selbst einem erfahrenen Börsenprofi wie ihm ist es nicht möglich, die zukünftigen Gewinne eines Unternehmens vorherzusagen. Er rät Investoren, darauf zu achten, ob ein Unternehmen Strategien zur Steigerung der Gewinne anwendet. »Wenn man schon die zukünftigen Gewinne nicht vorhersagen kann, so sollte man doch wenigstens herausfinden, mit welchen Maßnahmen ein Unternehmen versucht, seine Gewinne zu erhöhen.«[108]

Kündigt ein Unternehmen zum Beispiel in der Presse oder im Geschäftsbericht an, Kosten reduzieren zu wollen, kann dies zu einer Gewinnerhöhung führen. Auch Preissteigerungen, eine Expansion in neue Märkte, Absatzsteigerungen in bestehenden bzw. wiederbelebten Märkten und die Einstellung von Produkten, die Verluste einbringen, sind Strategien, die sich positiv auf zukünftige Gewinne auswirken können. Solche Maßnahmen, auch wenn sie auf den ersten Blick negativ sind (wie z. B. Schließung einer verlustbringenden Produktionssparte mit den damit verbundenen Arbeitsplatzverlusten), wirken sich in der Regel positiv auf den Aktienkurs eines Unternehmens aus.

Barreserven

> »Wenn ein Unternehmen auf Milliarden von Barem sitzt, dann sollten Sie das auf jeden Fall wissen.«[109]

Ein weiteres Kriterium bei der Auswahl von interessanten Aktien sind die Barreserven oder flüssigen Mittel eines Unternehmens. Finden Sie im aktuellen Geschäftsbericht eines Unternehmens heraus, dass der betreffende Konzern auf einem »Berg liquider Mittel« sitzt, spricht das für ein Investment. Schließlich bilden solche Mittel eine sprudelnde Quelle für zukünftige Investitionen. Womöglich schüttet das Unternehmen diese Barmittel auch in Form von Dividenden an die Aktionäre aus oder kauft mit den Barreserven eigene Aktien zurück. Von all diesen Maßnahmen profitieren Sie als Aktionär.

Praxistipp: Liquide Mittel finden Sie im aktuellen Geschäftsbericht.

Aktiengesellschaften sind verpflichtet, ihre Barreserven in den Geschäftsberichten auszuweisen. Recherchieren Sie also im aktuellen Geschäftsbericht, den Sie auf den Internetseiten jeder Aktiengesellschaft finden. Wenn Sie die Strategie noch verfeinern wollen, ziehen Sie von den Cash-Reserven die Schulden ab. So ermitteln Sie die Netto-Cash-Position eines Unternehmens.

Verschuldungsgrad

> »Mehr als alles andere sind es die Schulden, die darüber
> entscheiden, welche Unternehmen in einer Krise überleben
> können und welche pleitegehen werden.«[110]

Berechnung: Verschuldungsgrad = Fremdkapital / Eigenkapital

Dass ein Unternehmen Fremdkapital aufnimmt, um zum Beispiel größere Investitionen finanzieren zu können, ist völlig normal. Doch bevor Sie Aktien eines Unternehmens kaufen, sollten Sie sich den Verschuldungsgrad der Gesellschaft genau angucken. »Im Normalfall weist eine Unternehmensbilanz 75 Prozent Eigenkapital und 25 Prozent Schulden auf«,[111] so Lynch.

In der heutigen Zeit hat sich das Verhältnis fast umgedreht. Bereits eine Eigenkapitalquote von 30 Prozent gilt in vielen Branchen als solide. *Speziell bei familiengeführten mittelständischen Unternehmen finden Sie oft noch Börsen-Kandidaten, die mit viel Eigenkapital und wenig Fremdkapital agieren.*

Der Verschuldungsgrad ist von Branche zu Branche sehr unterschiedlich. Heute wird ein Verschuldungsgrad von 2 in den meisten Branchen noch als akzeptabel eingestuft, sprich ein Anteil von Fremdkapital, der etwa beim Doppelten des Eigenkapitals liegt. Anders formuliert sollte der Anteil des Fremdkapitals an der Bilanzsumme (Fremdkapitalquote) unter 66,7 Prozent liegen und der Anteil des Eigenkapitals an der Bilanzsumme (Eigenkapitalquote) mindestens 33,3 Prozent betragen.

Praxistipp: Auch die Verschuldungsquote finden Sie im Geschäftsbericht.

Wie hoch der Verschuldungsgrad bzw. die Eigenkapital- und die Fremdkapitalquote eines Unternehmens ist, können Sie in den Geschäftsberichten nachlesen, die Sie auf den Internetseiten jeder Aktiengesellschaft finden. Auch auf den gängigen Börsenportalen finden Sie entsprechende Informationen.

───── ～ ─────

Dividenden

> »Ich bevorzuge ein aggressives Wachstumsunternehmen jederzeit gegenüber einem alten schwerfälligen Dividendenpapier.«[112]

Auch wenn Lynch Wachstumsunternehmen bevorzugt, die in der Regel keine oder nur niedrige Dividenden an ihre Aktionäre auszahlen, ist die Dividende ein weiteres Entscheidungskriterium bei der Auswahl/Bewertung von Aktien. Ist Ihnen die regelmäßige Ausschüttung von Dividenden bzw. Verzinsung Ihres investierten Kapitals wichtig, empfiehlt Lynch den Kauf sogenannter Dividenden-Aristokraten: »Ihre beste Wahl ist ein Unternehmen, das nachweislich über 20 oder 30 Jahre regelmäßig die Dividende erhöht hat.«[113]

In Deutschland hat nur der Gesundheitsdienstleister Fresenius seit mehr als einem Vierteljahrhundert kontinuierlich eine immer höhere Dividende ausgeschüttet. Anwärter auf den »börslichen Adelsstand« sind auch Fresenius Medical Care mit über 20 Anhebungen in Serie sowie Fuchs Petrolub und Fielmann, die immerhin die 10-Jahres-Marke schon weit hinter sich gelassen haben. Weitere Dividenden-Aristokraten sind zum Beispiel Procter & Gamble, 3M, Coca-Cola, Colgate-Palmolive, Stanley Black & Decker, L'Oréal, Unilever und Roche.

———— ∽ ————

Praxistipp: Dividenden-Aristokraten finden Sie im Internet.

Wenn Sie in dividendenstarke Unternehmen investieren wollen, sind Internetportale wie www.dividendenadel.de und www.mydividends.de eine lohnenswerte Informationsquelle. Dort finden Sie eine Vielzahl von Dividenden-Aristokraten.

———— ∽ ————

Buchwert

> »Der Buchwert erfährt heutzutage sehr viel
> Aufmerksamkeit.«[114]

Diese Feststellung von Peter Lynch kann als eine Würdigung des wohl größten Investors aller Zeiten, Warren Buffett, angesehen werden. Denn insbesondere Buffett hat den Buchwert in den ersten Jahrzehnten seiner Analyse- und Investoren-Tätigkeit – ganz in der Tradition seines Lehrmeisters Benjamin Graham – als wichtigstes Kriterium für seine Investitionsentscheidungen herangezogen. Insbesondere in den 1950er- bis 1960er-Jahren kaufte Buffett viele Aktien von Unternehmen, die weit unter ihrem Buchwert gehandelt wurden.

Der Buchwert ist das Vermögen eines Unternehmens abzüglich seiner Schulden beziehungsweise bilanztechnisch gesehen die Differenz zwischen Aktiva minus Verbindlichkeiten. Aber gerade bei der Bewertung der Aktiva sieht Lynch ein Problem. Die in der Bilanz aufgeführten Vermögenswerte (Aktiva) entsprechen häufig nicht dem tatsächlichen Wert. Er empfiehlt Investoren daher, den Buchwert nur mit Vorsicht als Entscheidungskriterium zu benutzen: »Wenn Sie eine Aktie wegen ihres Buchwerts kaufen, dann müssen Sie eine genaue Vorstellung davon haben, um welche Werte es sich effektiv handelt. Bei Penn Central [einer US-Eisenbahngesellschaft, Anm. d. Red.] zum Beispiel zählten Tunnel und ungenutzte Eisenbahnwagen als Vermögenswerte.«[115]

Es gibt aber auch den anderen Fall: Wenn Sie feststellen, dass die in der Bilanz eines Unternehmens aufgeführten Vermögenswerte (Aktiva) massiv unterbewertet sind, kann sich eine Investition in das betroffene Unternehmen sehr wohl lohnen, auch wenn der Buchwert sehr gering sein sollte: »Unternehmen, die Rohstoffe wie Edelmetalle, Holz, Öl oder Grundstücke besitzen, haben diese in der Regel nur mit einem Bruchteil ihres wahren Wertes in den Büchern stehen«,[116] so Peter Lynch.

Praxistipp: Den Buchwert finden Sie in der Bilanz.

Den Buchwert eines Unternehmens können Sie recht einfach aus der Bilanz (Aktiva ./. Verbindlichkeiten) berechnen. Die Unternehmensbilanz wiederum ist Bestandteil des Geschäftsberichts, den Sie auf den Internetseiten jeder Aktiengesellschaft finden. Auch auf den gängigen Börsenportalen finden Sie Informationen zum Buchwert bzw. zum Kurs-Buchwert-Verhältnis.

Cashflow

> »Aber wann immer der Cashflow als Argument dafür
> auftaucht, dass Sie eine Aktie kaufen sollten, dann
> vergewissern Sie sich, dass es um den freien Cashflow geht.
> Der freie Cashflow ist das, was übrigbleibt, nachdem Sie die
> normalen Investitionsausgaben abgezogen haben.«[117]

Auch der Cashflow, also die Differenz der Einzahlungen und der Auszahlungen eines Unternehmens, ist ein Kriterium, das für oder gegen
die Investition in ein Unternehmen spricht. In der Praxis wird dabei häufig das Kurs-Cashflow-Verhältnis (KCV) herangezogen. Das
KCV zeigt das Verhältnis von Aktienkurs zum Cashflow aus dem ab-
gelaufenen Geschäftsjahr. Als Entscheidungsmaßstab gilt: Je niedriger das KCV, desto besser. Ein KCV von 10 bezeichnet Lynch als
normal. Wenn Sie aber eine Aktie mit einem extrem günstigen KCV
von 2 finden sollten, gibt Lynch folgenden Tipp: »Und wenn Sie eine 20-Dollar-Aktie mit einem dauerhaften Cashflow von zehn Dollar finden, dann sollten Sie auf Ihr Haus eine Hypothek aufnehmen
und so viele Aktien wie möglich kaufen.«[118]

Aber Vorsicht: Prüfen Sie bei einer sehr deutlichen KCV-Un-
terbewertung, ob die finanziellen Mittel auch zukünftig üppig fließen werden oder ob ein Ende absehbar ist, weil zum Beispiel ein
Rohstoffkonzern die letzten Reserven ausgeschlachtet hat und danach abgewickelt wird. Ein extrem niedriger Wert – egal ob KCV,
KBV oder KGV – deutet oft auf ein Problem hin. In Zeiten mo-
dernster Analyse-Datenbanken sind »Jahrhundert-Schnäppchen«
praktisch ausgestorben. Eine Unterbewertung von 10 oder 20 Pro-

zent ist bei schwankungsstarken Werten auch heute immer möglich, wenn aber eine Kennzahl 50 oder sogar 80 Prozent unter dem Bewertungsniveau vergleichbarer börsennotierter Unternehmen liegt, ist mit größter Wahrscheinlichkeit irgendwo im Zahlenwerk eine Schwachstelle.

Praxistipp: Informationen zum Cashflow bzw. KCV finden Sie im Internet.

Informationen zum Cashflow bzw. zum KCV finden Sie auf den bereits erwähnten Börsenportalen und auch bei boersengefluester.de. Achten Sie bei Ihrer Entscheidung darauf, dass Sie den freien Cashflow berücksichtigen, der in den Portalen nicht immer sauber abgebildet wird. Oder folgen Sie Peter Lynch, der folgenden Tipp zum Thema freier Cashflow gibt: »Deshalb ziehe ich es vor, in Unternehmen zu investieren, die nicht immer wieder aufs Neue Geld in ihren Produktionsapparat stecken müssen. Das Geld, das hereinkommt, sollte nicht gegen das Geld kämpfen müssen, das rausgeht.«[119] Als Beispiel für ein Unternehmen mit sehr aufwendigem/teurem Produktionsapparat nennt Lynch ein Stahlwerk.

Vorräte

> »Für ein produzierendes Unternehmen oder eine
> Einzelhandelsfirma ist die Zunahme der Lagerhaltung
> gewöhnlich ein schlechtes Zeichen. Und wachsen die Vorräte
> vergleichsweise schneller als die Umsätze, so ist das ein erstes
> Warnsignal.«[120]

Lynch rät Investoren, sich vor der Kaufentscheidung die Vorräte, die ein Unternehmen hat bzw. hortet, genauer anzuschauen. Nehmen die Vorräte überproportional zu, sollten Sie besser die Finger vom betreffenden Unternehmen lassen. Oder wie Peter Lynch es etwas ironisch formuliert: »Wenn es einmal so weit ist, dass die Arbeiter woanders parken müssen, damit die Vorräte gelagert werden können, dann ist das mit Sicherheit ein Zeichen für einen übermäßigen Warenbestand.«[121]

Praxistipp: Beobachten Sie die Lagerbestände.

Schauen Sie in die neuesten Geschäftsberichte und achten Sie dort auch auf die Entwicklung der Lagerbestände. Oder nehmen Sie sich die Zeit und besuchen Sie das jeweilige Unternehmen. Wenn Sie dort keine Parkplätze finden, weil diese zur Lagerung von Warenbeständen genutzt werden, sollten Sie skeptisch werden.

2. FILTERN SIE IHRE AUSWAHL NACH DEN ERFAHRUNGSKRITERIEN VON PETER LYNCH

Neben den Kennzahlen gibt es nach Peter Lynch noch weitere Kriterien, die wahlweise für oder gegen ein Aktieninvestment sprechen. Im folgenden Abschnitt finden Sie die Kriterien, die für einen Kauf sprechen, danach sind die Kriterien aufgelistet, die Peter Lynch als Warnsignal ansieht und die gegen einen Kauf sprechen.

Diese Kriterien sprechen für einen Kauf

Neben den mathematisch herleitbaren und somit sehr konkreten Entscheidungskriterien der Fundamentalanalyse nennt Lynch noch eine Reihe weiterer Merkmale, die auf seinem reichen Erfahrungsschatz beruhen. Auch wenn sie oft sehr banal klingen, kann Lynch sie mit zahlreichen Beispielen belegen:[122]

1. Investieren Sie in Geschäfte, die Sie auch verstehen, wie zum Beispiel Strumpfhosen und Motelketten, und nicht in Hightech-Unternehmen, wie beispielsweise optische Fasern.
2. Klingt die Firmenbezeichnung langweilig oder gar lächerlich, so spricht das für ein Investment.
3. Das Geschäftsmodell dreht sich um etwas Triviales wie zum Beispiel Flaschenverschlüsse.
4. Das Unternehmen produziert etwas Unangenehmes. Lynch nennt hier die Firma Safety-Kleen, die mit der Entsorgung von Ölschlämmen und Fritteusenfetten ihr Geld verdient.

5. Bei dem betreffenden Unternehmen handelt es sich um die Ausgliederung eines Konzerns.

6. Für ein Investment in ein Unternehmen spricht, wenn es von Großinvestoren nicht berücksichtigt und von Analysten nicht verfolgt wird.

7. Negative Gerüchte oder ein eher schlechter Leumund sprechen oft für ein Unternehmen. Als Beispiel nennt Lynch hier Unternehmen aus der Abfallbeseitigung oder Casinobetreiber, denen häufig eine Nähe zur Mafia nachgesagt wird.

8. Das Geschäftsmodell hat mit etwas Deprimierendem zu tun, wie zum Beispiel das Bestattungsgewerbe.[123]

9. Investitionen in eine langsam wachsende Branche können sich lohnen, weil dort die Zahl der Mitbewerber eher gering ist.

10. Auch Nischengeschäfte können ein lohnenswertes Investment darstellen, insbesondere, wenn sie eine (zumindest) lokale Monopolstellung entwickelt haben. Dies trifft beispielsweise auf Steinbrüche und lokale Zeitungsverleger zu.

11. Lynch investiert lieber in Unternehmen, die kurzlebige (Massen-)Produkte und Verbrauchsgüter herstellen, als in Unternehmen, die langlebige Produkte herstellen. »Ich würde lieber in ein Unternehmen investieren, das Medikamente, Softdrinks, Rasierklingen oder Zigaretten produziert, als in eines, das Spielzeug herstellt.«[124]

12. Von Investitionen in neue Technologien ist laut Lynch zwar abzuraten, Investitionen in die Nutznießer der neuen Technologien können sich jedoch sehr wohl lohnen. Folglich ist die Investition in ein Unternehmen, das Barcode-Scanner herstellt, eher riskant. Hingegen ist eine Investition in

eine Supermarkt-Kette, die durch die Nutzung der neuen Technologie viel Zeit einspart, durchaus erfolgversprechend.

13. Unternehmen, in die das eigene Management sowie die Mitarbeiter massiv investieren, sind auch für andere Investoren interessant. Informationen zu diesen Insider-Deals finden Sie im Internet, zum Beispiel unter www.finanzen.net/insiderdaten/.[125]

14. Aktienrückkäufe eines Unternehmens sprechen laut Lynch ebenfalls für ein Investment.

***

Praxistipp: Berücksichtigen Sie immer auch Fundamentalkriterien.

Treffen Sie keine Kaufentscheidung allein aufgrund einer der in diesem Abschnitt genannten Entscheidungskriterien. Führen Sie immer eine umfassende Gesamtanalyse durch, bevor Sie sich für den Kauf einer Aktie entscheiden. Dazu gehört vor allem auch die Sichtung der Fundamentaldaten wie zum Beispiel des KGV, des Verschuldungsgrads und auch des Buchwertes.

***

Diese Kriterien sprechen gegen eine Kaufentscheidung

Lynch nennt in seinen Büchern auch Negativ-Kriterien, die gegen den Kauf bestimmter Aktien sprechen.[126] Im Einzelnen empfiehlt er:

- Lassen Sie die Finger von der heißesten Aktie aus der heißesten Branche. Meiden Sie also Aktien, um die ein riesiger Werberummel gemacht wird und über die jeder Anleger spricht. »Das bedeutet, dass Sie die heißen Tipps, die Brokerempfehlungen und die letzten ›Da-muss-man-dabei-sein‹-Ratschläge der bekannten Börsenzeitschriften zugunsten Ihrer eigenen Analysen gar nicht erst zur Kenntnis nehmen sollten.«[127]

- Kaufen Sie keine Aktien von Unternehmen, die als vermeintliche Nachfolger eines Marktführers gehandelt werden, wie zum Beispiel die neue Apple-Aktie, die neue Microsoft-Aktie.

- Verzichten Sie auf den Aktienkauf, wenn sich das Unternehmen in seiner Expansionsstrategie verzettelt, zum Beispiel durch den Zukauf von spartenfremden Unternehmen.

- Erwerben Sie keine Aktien, die als Geheimtipp bzw. heißeste Aktie gehandelt werden.[128] Gerade im Internetzeitalter werden solche Flüsteraktien häufig per Mail beziehungsweise News angeboten.

- Verzichten Sie auf den Kauf von Aktien, die neu an der Börse gehandelt werden und von denen es daher keine validierbaren Kennzahlen gibt. Mit anderen Worten: Finger weg von IPOs (Initial Public Offerings = Börsengängen).

- Kaufen Sie keine Aktien von Zulieferfirmen, die nur einen bzw. wenige Kunden beliefern. Solche Unternehmen sind extrem abhängig von ihren Kunden und können daher bei der Kündigung eines Liefervertrags in gravierende Probleme geraten.

- Meiden Sie den Kauf von Aktien mit einem reißerischen Namen und Namenszusätzen. In der Internet-Blase zu Beginn des Jahrtausends gingen Unternehmen mit dem Internetkürzel ».com« weg wie warme Semmeln (und stürzten dann gnadenlos ab). Aktuell werden Unternehmen mit »Cloud« oder »Cannabis« oft blind gekauft.

3. RUFEN SIE INTERESSANTE FIRMEN AN, BEVOR SIE KAUFEN

>»Profis rufen laufend bei den Firmen an. Warum sollten
>Amateure das nicht auch tun?«[129]

Lynch telefonierte ständig mit Vertretern von Firmen, in die er investieren wollte. Teilweise besuchte er auch Unternehmen, um mehr über die Firma und das potenzielle Investment zu erfahren. Mit zunehmendem Erfolg seines Magellan Funds kamen aber auch immer mehr Vertreter aus den Unternehmen zu Fidelity, um ihre Unternehmen dort vorzustellen. »Meine persönliche Regel besagte, dass ich mindestens einmal im Monat eine Unterhaltung mit einem Repräsentanten jeder größeren Industriegruppe führen sollte.«[130]

Die Zahl der von Peter Lynch geführten Firmengespräche stieg über die Jahre stetig an.[131]

1980	214
1982	330

1983	489
1984	411
1985	463
1986	570

Über seine Gespräche führte Lynch akribisch Buch: »Nach jedem Kontakt, den ich machte, [...] kritzelte ich eine Notiz auf eine Ringbucheinlage – den Namen der Firma und den aktuellen Aktienkurs, gefolgt von einer ein- oder zweizeiligen Zusammenfassung der Story, die ich gerade gehört hatte. Ich glaube, jeder Stockpicker könnte aus einem solchen Notizbuch mit Storys einen großen Nutzen ziehen. Hat man es nicht, vergisst man sehr leicht, warum man eine Aktie überhaupt gekauft hat.«[132]

Lynch schloss zudem Gespräche mit Firmenrepräsentanten nie ab, ohne nach den Hauptkonkurrenten zu fragen.[133] Dadurch gelang es ihm häufig, Insider-Tipps zu erhalten. »Ich beendete diese Diskussion immer mit der Frage: ›Von welchem Ihrer Konkurrenten halten Sie am meisten?‹ [...] Am Ende ging ich oft los und kaufte die Aktie des Konkurrenten.«[134] »Die Frage nach den Konkurrenten ist eine meiner beliebtesten Techniken, um erfolgversprechende neue Aktien zu finden.«[135]

Praxistipp: Kontaktieren Sie interessante Unternehmen.

Wenn Sie sich für eine Aktie entschieden haben, sprechen Sie vor dem Kauf mit einem Firmenvertreter. Sie werden in den wenigsten Fällen den CEO (Vorstands-Chef) an die Strippe bekommen, aber die Mitarbeiter aus dem Bereich Investor Relations (IR) werden Ihnen sicher weitere Informationen über das Unternehmen geben können. Und wenn Sie noch auf der Suche nach weiteren interessanten Unternehmen sind, fragen Sie doch einfach nach, von welchem Konkurrenten Ihr Ansprechpartner am meisten hält. Die Ansprechpartner aus dem IR-Bereich finden Sie in der Regel auf den Internetseiten des Unternehmens. Und vergessen Sie nicht, sich von den Gesprächen Notizen zu machen. »Ich notierte mir immer peinlich genau die Namen der Personen, die ich bei den Mittagessen und Meetings traf. Viele dieser Leute wurden zu wertvollen Quellen, die ich wiederholt über die Jahre hinweg anrief.«[136]

---

4. INVESTIEREN SIE NUR GELD, DAS SIE ÜBRIGHABEN

> »Bevor Sie Aktien kaufen, ist es sinnvoll, einen Blick auf die Familienfinanzen zu werfen.«[137]

Nehmen wir an, dass Sie sich bereits ein Haus oder eine Eigentumswohnung gekauft haben. Nach der Vorsorge-Strategie gemäß Peter

Lynch wäre es nun an der Zeit, in ausgewählte Aktien zu investieren. Doch hier empfiehlt Lynch: »Investieren Sie nur, was Sie verlieren können, ohne dass Ihr tägliches Leben in absehbarer Zukunft davon beeinträchtigt wird.«[138]

———— ⌇ ————

Praxistipp: Führen Sie ein Haushaltsbuch und planen Sie Reserven ein, bevor Sie in Aktien einsteigen.

Verschaffen Sie sich einen Überblick über die laufenden Ausgaben, die Sie für die Führung Ihres Haushalts benötigen. Hierfür können Sie zum Beispiel ein Haushaltsbuch anlegen, in dem Sie Ausgaben – wie etwa für Lebensmittel und Kleidung, Energiekosten, Versicherungsgebühren, Steuern, Urlaub, Darlehnskosten – systematisch aufzeichnen. Berücksichtigen Sie zusätzlich noch diejenigen Ausgaben, die mittelfristig fällig werden – zum Beispiel für die Ausbildung Ihrer Kinder, für notwendige Reparaturen Ihres Autos oder Instandsetzungen Ihres Hauses. Planen Sie außerdem eine Reserve für unvorhersehbare Ereignisse ein – beispielsweise für einen Totalschaden Ihres Autos nach einem Unfall. Summieren Sie diese Ausgaben für einen bestimmten Zeitraum (z. B. ein Jahr) und vergleichen Sie diese mit dem zu erwartenden Jahreseinkommen. Bleibt bei dieser Berechnung unter dem Strich noch ein positives Einkommen übrig, können Sie diese Differenz guten Gewissens in Aktien anlegen.

———— ⌇ ————

5. IMMER NOCH UNSICHER? TRAINING MACHT DEN MEISTER!

> »Man sollte erst etwas Training vorschalten, ähnlich wie beim Erwerb des Führerscheins.«[139]

Anfängern rät Lynch, das Aktiengeschäft zunächst einmal zu trainieren. Im Internet können Sie zum Beispiel kostenlose Musterdepots anlegen und die Entwicklung der von Ihnen fiktiv erworbenen Aktien über eine längere Zeit verfolgen. Peter Lynch empfiehlt darüber hinaus noch die Mitgliedschaft in einem Börsen- oder Investmentclub, denn: »Es zeigt sich, dass die meisten Leute mit ihren Investitionen innerhalb eines Clubs besser abschneiden, als wenn sie allein handeln.«[140]

Warnen möchten wir Sie dagegen vor den meisten Börsenspielen. Wenn 10.000 Teilnehmer bei einem vierwöchigen Börsenspiel mitmachen und nur zehn Teilnehmer einen Preis gewinnen, gibt es nur eine logische Strategie: Sie müssen maximal große Risiko-Wetten eingehen. Die Teilnehmer setzen zum Beispiel auf ein junges Biotech-Unternehmen und hoffen, dass das betreffende Unternehmen genau in diesen drei Monaten spektakuläre Forschungsergebnisse veröffentlicht und der Aktienkurs dann wie eine Rakete nach oben schießt. Passiert dies wirklich, ist das dann aber reines Glück. Es hat nichts mit einer nachhaltig profitablen Börsenstrategie im Sinne von Peter Lynch zu tun. Betrachten Sie daher Börsenspiele als »Casino-Zockerei«, nicht aber als Börsenschule.

Praxistipp: Legen Sie Musterdepots an und trainieren Sie das Investieren.

Ein kostenloses Musterdepot können Sie unter http://my.onvista.de eröffnen. Auch unter www.wikifolio.com können Sie gratis ein Musterdepot anlegen und seine Wertentwicklung mit der von Depots anderer Mitglieder vergleichen. Oder recherchieren Sie im Internet beziehungsweise in Ihrer Lokalpresse nach einem Börsen- oder Investmentclub in Ihrer Nähe.

WORAUF SIE BEIM UND NACH DEM KAUF
ACHTEN SOLLTEN

L iegen bestimmte Aktien erst einmal im eigenen Depot, sind die damit verbundenen Aufgaben noch längst nicht vollständig abgearbeitet. Lesen Sie im Folgenden, was Peter Lynch im Hinblick auf den Depotbestand empfiehlt.

1. KONZENTRIEREN SIE SICH AUF EINIGE WENIGE AKTIEN

>»Eine unüberlegte Aktienvielfalt ist das Schreckgespenst jedes Kleinanlegers.«[141]

Lynch empfiehlt Kleinanlegern, sich beim Kauf von Aktien in einem überschaubaren Rahmen zu halten. Schließlich benötigen Sie für die Auswahl, die Prüfung und die regelmäßigen Check-ups viel Zeit für jede Aktie, die sich in Ihrem Depot befindet. Konkret nennt er folgenden Idealwert: »Bei kleinen Depots würde ich mich mit drei bis zehn Aktienwerten wohlfühlen.«[142] Wichtig ist, dass Sie Aktien kaufen, die sich prächtig entwickeln. Denn es gilt: »Je mehr Sie mit einer Aktie richtigliegen, desto mehr können Sie mit allen anderen Aktien schiefliegen und trotzdem noch den Triumph des erfolgreichen Investors genießen.«[143]

Praxistipp: Halten Sie Ihr Aktiendepot überschaubar.

Kaufen Sie nicht zu viele Aktien. Investieren Sie Ihre Zeit in die Recherche und suchen Sie gezielt nach Aktien von Unternehmen, denen eine hohe Wachstumsrate zuzutrauen ist. Vielleicht entwickelt sich ja eine Ihrer Aktien zu einem Tenbagger (Aktie, die ihren Kurs verzehnfacht hat) oder, wie Peter Lynch es ausdrückt: »Wenn man nur ein paar Aktien in seinem Leben erwischt, die sich verzehnfachen, hat man gewonnen. Mehr braucht man nicht.«[144]

2. SEIEN SIE GEDULDIG

»Kaufen Sie einfach Aktien von guten Firmen und halten Sie durch dick und dünn an ihnen fest.«[145]

»Setzen Sie auf die richtigen Aktien und überlassen Sie die Börse sich selbst.«[146]

»Nur wenn Sie sich über gute und schlechte Jahre hinweg an eine Strategie halten, werden Sie Ihre langfristigen Gewinne maximieren.«[147]

Wie Warren Buffett vertritt auch Peter Lynch die Auffassung, dass Investoren, die sich nach intensiver Prüfung für eine Aktie entschieden haben, auch an diesen Werten festhalten sollten. Auch in Bärenmärkten sollten Sie daher nicht sofort verkaufen. Jedenfalls dann nicht, wenn die Substanzwerte der Unternehmen sich nicht verschlechtern.

***

Praxistipp: Verkaufen Sie Ihre Aktien nicht voreilig.

Lynch empfiehlt, Aktien vor dem Kauf sorgfältig auf ihre Fundamentaldaten und auf weitere Kriterien zu prüfen. Verschwenden Sie die einmal investierte Zeit, die Sie für diese Prüfung benötigen, nicht, indem Sie Aktien schon bei leichten Kursverlusten verkaufen. Oder, wie Lynch es formuliert: »Der Schlüssel zum Erfolg im Aktiengeschäft ist, dass man nicht aus Angst die Flucht ergreift.«[148]

***

3. FÜHREN SIE EIN REGELMÄSSIGES PORTFOLIO-CHECK-UP DURCH

>»Überprüfen Sie Ihr Portfolio Firma für Firma und finden Sie einen Grund dafür, dass das nächste Jahr besser werden wird als das vergangene. Wenn Sie keinen Grund entdecken können, sollten Sie sich fragen, warum Sie die betreffende Aktie besitzen.«[149]

Unterziehen Sie Ihr Portfolio in regelmäßigen Abständen einer Routineuntersuchung. Sichten Sie dabei die Fundamentaldaten und überprüfen Sie, wie sich diese seit Ihrem letzten Check-up entwickelt haben. Falls sich diese Werte massiv verschlechtert haben, sollten Sie überlegen, die entsprechende Aktie zu verkaufen.

———— ∿ ————

Praxistipp: Führen Sie einen Check-up durch.

Der Praxistipp kommt in diesem Falle von Peter Lynch persönlich: »Ein gesundes Portfolio benötigt in regelmäßigen Abständen, vielleicht alle sechs Monate oder so, einen Check-up.«[150] »Bleiben Sie Ihren Aktien so lange treu, wie sich die fundamentale Situation des Unternehmens nicht ändert.«[151]

———— ∿ ————

4. WANN SIE AKTIEN VERKAUFEN SOLLTEN

»Manche Leute verkaufen automatisch ihre ›Gewinner‹ – die Aktien, die steigen – und behalten ihre ›Verlierer‹ – die Aktien, die fallen –, was in etwa so vernünftig ist, wie die Blumen auszureißen und das Unkraut zu pflegen. Andere verkaufen automatisch die Verlierer und halten die Gewinner, was auch nicht gerade viel besser ist.«[152]

Für Peter Lynch gibt es keine Standards bzw. Formeln über den Verkauf von Aktien. Er schaute sich im Rahmen regelmäßiger Check-ups an, wie sich die von ihm gekauften Aktien entwickelten. Dabei verglich er die beim Kauf gemachten Erwartungen – die er akribisch notiert hatte – mit der aktuellen Entwicklung. Besonderen Wert legte er dabei auf die Entwicklung der Fundamentaldaten des jeweiligen Unternehmens.

Praxistipp: Verkaufen Sie Aktien, die Ihren Erwartungen nicht entsprochen haben oder deren Fundamentaldaten sich verschlechtert haben.

Fallen Aktien beim regelmäßigen Check-up durch, weil sie Ihren Wachstumserwartungen nicht entsprochen haben, verkaufen Sie diese und kaufen Sie dafür Aktien, die bessere Wachstumsraten verzeichnen. Achten Sie bei Ihren Check-ups immer auch darauf, wie sich die Fundamentaldaten entwickelt haben. Ist das KGV enorm angestiegen und liegt es weit über dem Branchendurchschnitt? Hat sich der Umsatz bzw. die Nachfrage nach den Produkten verschlechtert? Hat die Lagerhaltung deutlich zugenommen? All diese Verschlechterungen sprechen für einen Verkauf bzw. eine Umschichtung in andere Aktien mit einer positiven Tendenz.

CHECKLISTE: DIE 25 GOLDENEN REGELN DES PETER LYNCH

Am Ende seines Buches *Beating the Street* nennt Lynch die folgenden 25 Regeln, welche er aus seiner zwanzigjährigen Investment-Tätigkeit gelernt hat:[153]

1. Investieren macht Spaß, ist aufregend und gefährlich, wenn Sie keine Recherche machen.

2. Sie können Börsenprofis übertreffen, wenn Sie in Unternehmen investieren, die Sie kennen und deren Produkte Sie verstehen.

3. Folgen Sie nicht den Meinungen von Profi-Investoren. Sie können den Markt übertreffen, indem Sie nicht der Herde folgen bzw. dem Herdentrieb widerstehen.

4. Hinter jeder Aktie steht eine Firma. Sie müssen herausfinden, was diese Firma macht.

5. Langfristig gesehen besteht ein hundertprozentiger Zusammenhang zwischen einem erfolgreichen Unternehmen und dem Kurs seiner Aktien. Das kann kurzfristig aber auch mal anders sein. Es lohnt sich also, Geduld zu üben, wenn Sie in erfolgreiche Unternehmen investiert haben.

6. Sie müssen wissen, welche Aktien Sie besitzen und warum Sie diese gekauft haben. Machen Sie sich nach jedem Kauf Notizen.

7. Krasse Außenseiter verfehlen fast immer ihr Ziel.

8. Der Teilzeit-Investor kann nur eine bestimmte Anzahl, zum Beispiel acht bis zwölf Unternehmen, im Blick haben. Daher müssen in Ihrem Portfolio nicht unbedingt mehr als fünf Aktien vertreten sein.

9. Wenn Sie keine spannenden Aktien finden können, legen Sie Ihr Geld kurzfristig auf ein Bankkonto, bis Sie wieder interessante Aktien entdecken.

10. Investieren Sie nie in Unternehmen, deren Finanzen Sie nicht verstehen. Sehen Sie sich immer die Bilanz an.

11. Vermeiden Sie heiße Aktien in heißen Branchen.

12. Warten Sie bei jungen Unternehmen ab, bis sie einen Gewinn erzielen, bevor Sie in diese investieren.

13. Wenn Sie in kriselnde Wirtschaftszweige investieren wollen, setzen Sie auf Unternehmen mit Durchhaltekraft (Finanzreserven). Warten Sie auf erste Zeichen der Erholung in dem betreffenden Wirtschaftszweig.

14. Sie müssen nur in eine Handvoll Gewinner (Multibagger, sprich Aktien, die ihren Wert vervielfachen) investieren, damit Sie insgesamt erfolgreich sind. Verzetteln Sie sich nicht.

15. In jedem Wirtschaftszweig und jeder Region kann der aufmerksame Amateur große Wachstumsunternehmen finden, lang bevor sie von den Profis entdeckt werden.

16. Ein Kursverlust ist kein Beinbruch. Nutzen Sie Baisse-Phasen, um Schnäppchen einzusammeln, die panische Investoren verkauft haben.

17. Wenn Sie zu Panikverkäufen neigen, sollten Sie nicht in Aktien und Aktienfonds investieren.

18. Ignorieren Sie Panikmeldungen. Verkaufen Sie Aktien, deren Fundamentaldaten sich verschlechtern, und nicht, weil gerade ein Bärenmarkt herrscht und scheinbar die Welt untergeht.

19. Missachten Sie gesamtwirtschaftliche Prognosen und achten Sie nur darauf, wie sich das Unternehmen entwickelt, dessen Aktien Sie kaufen möchten bzw. im Depot haben.

20. Im Aktienmarkt gibt es immer wieder angenehme Überraschungen – Unternehmen, deren positive Entwicklung von den Profis an der Wall-Street übersehen wird.

21. Wenn Sie sich Unternehmen vor dem Aktienkauf nicht genau anschauen bzw. analysieren, ist das, als würden Sie Poker spielen, ohne sich vorher die Karten anzuschauen.

22. Wenn Sie hervorragende Aktien besitzen, arbeitet die Zeit für Sie. Seien Sie geduldig.

23. Wenn Sie in Aktien investieren wollen, aber nicht die Zeit und Geduld dafür haben, kaufen Sie Aktienfonds. Dabei ist es sinnvoll, in mehrere Fondstypen, wie zum Beispiel Wachstumsfonds, Small-Cap-Fonds zu investieren. Ein ständiges Wechseln zwischen Fonds ist hingegen nicht sinnvoll.

24. Schauen Sie sich auch nach Investitionen im Ausland um. Investieren Sie einen Teil Ihres Kapitals zum Beispiel in Länderfonds der Wachstumsstaaten.

25. Langfristig betrachtet wird ein sorgfältig ausgewähltes Aktienportfolio einen Anleihe- oder Geldmarktfonds immer übertreffen. Ein schlampig bestücktes Aktienportfolio hingegen wird im Hinblick auf seine Wertentwicklung nicht einmal das Geld schlagen können, das Sie unter Ihre Matratze legen.

EIN APPELL VON PETER LYNCH

»Sollten Sie darauf hoffen, morgen mehr Geld als heute
zu besitzen, dann müssen Sie einen großen Batzen Ihrer
Vermögenswerte in Aktien investieren.«[154]

GLOSSAR

Aktie

Eine Aktie ist ein Wertpapier, das einen Anteil an einer –> Aktiengesellschaft (AG) verbrieft. Der Inhaber einer Aktie (Aktionär) ist Gesellschafter der Aktiengesellschaft. Durch den Verkauf von Aktien an Aktionäre beschaffen sich Aktiengesellschaften Kapital.

Aktienfonds

Ein Aktienfonds (Fonds, französisch für Fundus/Kapital) ist ein von –> Fondsmanagern verwaltetes Sondervermögen, das in diversen Aktien (> Portfolio) investiert ist. Anteile von Aktienfonds werden am Kapitalmarkt gehandelt. Neben Aktienfonds gibt es auch Immobilienfonds, Rentenfonds und gemischte Fonds.

Aktiengesellschaft (AG)

Laut § 1 Aktiengesetz (AktG) handelt es sich bei einer Aktiengesellschaft um eine Handelsgesellschaft mit eigener Rechtspersönlichkeit (juristische Person). Die Aktiengesellschaft hat ein in Aktien zerlegtes Grundkapital. Aktiengesellschaften können ihre Aktien an einer Börse zulassen und über diese verkaufen beziehungsweise zurückkaufen.

Aktienindex

Ein Aktienindex ist eine Kennzahl für die Kursentwicklung eines Aktienmarktes bzw. einer Aktiengruppe. Der bekannteste –> deutsche Aktienindex DAX zeigt die

Kursentwicklung der 30 größten deutschen –> Aktiengesellschaften (–> Blue Chips) an. Der DAX wurde am 1. Juli 1988 eingeführt. Weitere deutsche Aktienindizes sind der MDAX, SDAX und TechDAX. Weitere bekannte Aktienindizes sind der Dow Jones Industrial Average (seit 1897) und der Standard & Poor's 500 aus den USA sowie der Nikkei-Index, der die Kursentwicklung der 225 wichtigsten japanischen Unternehmen abbildet.

Aktienoption

Bei Aktienoptionen handelt es sich um bedingte Kauf- oder Verkaufsverträge für Aktien, die an Terminbörsen (z. B. Eurex, CME, Intercontinental Exchange) gehandelt werden. Aktienoptionen sind auf eine festgelegte Laufzeit begrenzt. Unterschieden wird zwischen Kauf-(Call-)Optionen und Verkaufs-(Put-)Optionen. Eine Kauf-Option (Call) sichert ihrem Käufer das Recht, eine festgelegte Anzahl an Aktien während der Options-Laufzeit oder an deren Ende zu einem vorher festgelegten Preis (Basispreis) zu kaufen. Eine Verkaufs-Option (Put) sichert ihrem Käufer das Recht, eine festgelegte Anzahl an Aktien während der Options-Laufzeit oder an deren Ende zu einem vorher festgelegten Preis (Basispreis) zu verkaufen. Der Käufer kann eine Option ausüben, er muss das aber nicht tun. Optionen werden genutzt, um mit geringem Kapitaleinsatz auf steigende beziehungsweise fallende Kurse zu spekulieren und diese zu hebeln. Verkaufsoptionen bieten sich außerdem zur Absicherung eines Aktien-–> Portfolios gegen sinkende Kurse an.

Aktienrückkauf

Kaufen –> Aktiengesellschaften die von ihnen emittierten –> Aktien, handelt es sich um einen Aktienrückkauf. Aktienrückkäufe sind in Deutschland nur unter den in § 71 AktG festgelegten Bedingungen zulässig. Durch Aktienrückkäufe steigert sich grundsätzlich der Aktienkurs, weil sich das Grundkapital der emittierenden Aktiengesellschaft damit auf weniger Aktien verteilt, was für die Aktionäre vorteilhaft ist. Rückkaufprogramme werden aber auch durchgeführt, um Übernahmeversuche zu erschweren oder um Mitarbeiter am Unternehmenserfolg zu beteiligen.

Aktiensplit

Bei einem Aktiensplit (engl.: forward stock split) wird die Anzahl der von einem Unternehmen herausgegebenen Aktien vervielfacht. Ein Aktiensplit hat zur Folge, dass der Börsenkurs der Aktie dem Splitverhältnis entsprechend sinkt. Aktiensplits werden häufig angewandt, um Aktien, deren Kurs zu hoch angestiegen ist, für Kleinanleger wieder bezahlbar zu machen. So führte Berkshire Hathaway in 2010 einen Aktiensplit der B-Aktie mit einem Splitverhältnis von 1:50 durch, weil die B-Aktie auf über 3000 US-Dollar angestiegen war. Aktionäre, die zuvor zehn B-Aktien mit einem Kurs/Wert von je 3500 US-Dollar in ihrem Depot hatten, besaßen nach dem Split 500 B-Aktien mit einem Kurs von 70 US-Dollar.

Anleihe

Bei Anleihen, auch Bonds genannt, handelt es sich um (meist festverzinsliche) Wertpapiere mit einer festgelegten Laufzeit. Die Ausgabe/Emission von Anleihen erfolgt zur Fremdkapitalbeschaffung. Zum Laufzeitende wird der Nominalwert der Anleihe zurückgezahlt. Die in der Anleihe festgeschriebenen Zinszahlungen erfolgen in der Regel jährlich. Herausgegeben werden Anleihen vorrangig von Staaten und anderen öffentlichen Körperschaften sowie von Unternehmen.

Anleihenfonds

Anleihen- bzw. Rentenfonds, sind –> Investmentfonds, die vornehmlich in –> Anleihen (auch Rentenpapiere genannt) investieren. Ein Investment in Anleihenfonds ist insbesondere in Zeiten sinkender Zinsen lukrativ.

Ausgabeaufschlag

Ausgabeaufschlag oder Agio (englisch: load) heißt die Kaufgebühr eines –> Investmentfonds. Meist beträgt diese Gebühr 1,5 bis 5,5 Prozent der investierten Summe.

Bärenmarkt

Phasen mit dauerhaft sinkenden Kursen werden als Bärenmarkt oder auch –> Baisse bezeichnet.

Baisse

Phasen langanhaltenden Abschwungs an der Börse werden als Baisse oder auch als –> Bärenmarkt bezeichnet.

Bilanz

In der Betriebswirtschaft wird unter einer Bilanz der Vermögensvergleich eines Unternehmens zu einem bestimmten Zeitpunkt (Bilanzstichtag) verstanden. Während die Aktivseite der Bilanz Aufschluss über die Verwendung der Mittel gibt, dokumentiert die Passivseite die Herkunft der Mittel (Finanzierung). –> Aktiengesellschaften sind in Deutschland zur Bilanzierung verpflichtet (§ 238 Abs. 1 HGB).

Blue Chips

Umsatzstarke Aktien großer –> Aktiengesellschaften werden auch als Blue Chips bezeichnet. In Deutschland fallen darunter die im –> Deutschen Aktienindex (DAX) vertretenen 30 Aktiengesellschaften wie zum Beispiel SAP, Allianz, Daimler, Siemens, BASF und andere.

Börse

Als Börse wird der Ort (Markt) bezeichnet, an dem Wertpapiere, Terminkontrakte (oder auch andere Waren) gehandelt werden. In Deutschland gibt es diverse Wertpapierbörsen. Neben Xetra und der Frankfurter Wertpapierbörse findet man beispielsweise auch in Berlin, Bremen, Düsseldorf, Hamburg, München und Stuttgart Wertpapierbörsen. International bedeutsame Wertpapierbörsen sind neben Xetra die New York Stock Exchange (NYSE), die London Stock Exchange (LSE) und die Tokyo Stock Exchange.

Bond –> Anleihe

Branchenfonds

Branchenfonds investieren innerhalb einer bestimmten Branche (z. B. Ölindustrie, Automobilindustrie, Konsumgüterindustrie).

Buchwert

Der Buchwert ergibt sich aus der –> Bilanz eines Unternehmens und ist der Wert des auf die Unternehmensinhaber entfallenden –> Eigenkapitals. Rechnerisch ergibt sich der Buchwert aus der Differenz der Aktiva und der Verbindlichkeiten.

Buffett, Warren

Warren Edward Buffett (*30. August 1930) ist ein US-amerikanischer Ökonom, Value-Investor und Milliardär. Er leitet die Investmentgesellschaft Berkshire Hathaway, deren A-Aktie die teuerste börsennotierte Aktie der Welt ist. Mehr über die Börsenlegende Warren Buffett können Sie in unserem Buch *Alles, was Sie über Warren Buffett wissen müssen* nachlesen.

Bullenmarkt

Börsenphasen mit dauerhaft steigenden Kursen werden als Bullenmarkt oder auch –> Hausse bezeichnet.

Cap –> Marktkapitalisierung

Capital-Appreciation-Fonds

–> Fondsmanager eines Capital-Appreciation-Fonds haben freie Hand bei der Investition in –> Aktien und orientieren sich nicht an einer bestimmten Anlagephilosophie. Laut Peter Lynch handelt es sich bei dem von ihm gemanagten Magellan Funds um einen Capital-Appreciation-Fonds.

Cashflow

Der Cashflow (deutsch: Geldzufluss) ist ein Maßstab für die Liquidität eines Unternehmens. Der Cashflow ergibt sich aus der Differenz der Einzahlungen und der Auszahlungen eines Unternehmens innerhalb einer bestimmten Zeitperiode.

Depot

Bei einem (Wertpapier-)Depot handelt es sich um eine Art virtuelles Lager, auf dem Wertpapiere (Aktien, Fonds, Anleihen etc.) gelagert werden und das einen Kauf oder Verkauf ermöglicht. Depots werden von Banken und Finanzdienstleistern geführt.

Deutscher Aktienindex (DAX)

Der Deutsche Aktienindex setzt sich aus den 30 umsatzstärksten deutschen Aktien zusammen. Er wird als Leitindex als Maßstab für die Entwicklung des deutschen Aktienmarktes genutzt. Der DAX ist ein Performance-Index, das heißt, bei der Berechnung des DAX werden Kapitalveränderungen und Dividenden einbezogen. Die Zusammensetzung des DAX 30 wird jährlich im September überprüft und gegebenenfalls korrigiert.

Diversifizierung

Um das Risiko eines Kapitalverlustes zu begrenzen, verteilen Investoren ihr Kapital auf verschiedene Aktien oder Anlageformen (–> Aktien, –> Anleihen, –> Fonds) und achten darauf, dass diese Anlageformen nicht alle gleich auf verschiedene Börsenszenarien reagieren. Dieser Vorgang nennt sich Diversifizierung.

Dividende

Dividenden sind Gewinnbeteiligungen, die auf der –> Hauptversammlung (HV) einer Aktiengesellschaft beschlossen und in Deutschland meist am dritten Werktag nach der HV an die Aktionäre ausgezahlt werden. In Deutschland wird die Dividende üblicherweise einmal pro Jahr ausgeschüttet. In den USA gibt es vier Ausschüttungstermine pro Jahr. Ausgeschüttet wird die Vierteljahresdividende an diejenigen

Aktionäre, die die Aktie an bestimmten Stichtagen (sogenannten record days) im Depot hatten.

Dividendenrendite

Die Dividendenrendite ist eine Finanzkennzahl, die die –> Dividende einer –> Aktiengesellschaft in Relation zum Kurswert setzt.

Dividendenrendite = Dividende / Aktienkurs x 100 Prozent

Dow Jones (Industrial Average)

Der Dow Jones Industrial Average, kurz Dow Jones, ist ein US-amerikanischer –> Aktienindex. Er ist einer der ältesten Aktienindizes der Welt und wurde 1884 von Charles Dow zusammengestellt. Er umfasst 30 der wichtigsten US-Aktienunternehmen. Der Dow Jones ist ein Kursindex, bei dem die –> Dividenden keinen Einfluss auf den Punktestand des Index haben.

Eigenkapital

Das Eigenkapital eines Unternehmens ist das Vermögen des Unternehmens abzüglich der Schulden. Anders ausgedrückt handelt es sich beim Eigenkapital um das Kapital, das die Inhaber aus eigenen Mitteln in ihr Unternehmen eingebracht haben zuzüglich den im Unternehmen belassenen erwirtschafteten Gewinnen. Das Gegenstück zum Eigenkapital ist das –>Fremdkapital.

Eigenkapitalquote

Die Eigenkapitalquote (EKQ) ist eine Finanzkennziffer, die das Verhältnis von Eigenkapital am Gesamtkapital (= Bilanzsumme) abbildet. Sie gibt Auskunft über die Kapitalstruktur und damit über die Kreditwürdigkeit eines Unternehmens. Die EKQ ist sehr branchenabhängig. Ende 2015 lag die durchschnittliche EKQ in deutschen Unternehmen bei circa 30 Prozent.

Eigenkapitalquote = Eigenkapital / Gesamtkapital x 100 Prozent

Eigenkapitalrendite

Die Eigenkapitalrendite (EKR) – auch Eigenkapitalrentabilität – ist eine Finanzkennziffer, die Informationen darüber gibt, wie hoch sich das Eigenkapital eines Unternehmens im Betrachtungszeitraum verzinst hat.

Eigenkapitalrendite = Gewinn / Eigenkapital

Emerging-Growth-Fonds

–> Fondsmanager eines Emerging-Growth-Fonds investieren überwiegend in kleine, aufstrebende Unternehmen.

Emittent

Als Emittent wird der Herausgeber von Wertpapieren (z. B. Unternehmen, Banken, Versicherungen, Gebietskörperschaften) bezeichnet. Die herausgegebenen Wertpapiere können beispielsweise –> Aktien oder –> Anleihen sein.

Exchange Traded Funds (ETF)

Bei Exchange Traded Funds (deutsch: börsengehandelte Indexfonds) handelt es sich um –> Investmentfonds, deren Vermögensstruktur sich in der Zusammensetzung und Gewichtung an einem Index orientieren. Da für die Verwaltung von ETFs kein großes Analystenteam benötigt wird, sind die Verwaltungskosten niedrig. ETF sind in fast allen Anlageklassen erhältlich: Mit ETF können Anleger in Aktien-, Rohstoff-, Anleihe-, Kreditderivat- und Geldmarkt-Indizes investieren.

Finanzkennzahlen

Betriebswirtschaftliche Kennzahlen, die zur Bewertung des wirtschaftlichen Erfolgs eines Unternehmens herangezogen werden, wie zum Beispiel –> Dividendenrendite, –> Eigenkapitalquote, –> Eigenkapitalrendite, –> Kurs-Gewinn-Verhältnis, –> Kurs-Buchwert-Verhältnis, –> Kurs-Cashflow-Verhältnis, –> Verschuldungsgrad.

Fonds

Der Begriff Fonds (engl.: fund) stammt aus dem Lateinischen und bedeutet so viel wie Grund bzw. Boden. Im ökonomischen Kontext steht Fonds als Oberbegriff für einen Vermögensstock oder auch Grundstock, der investiert wird. Solche Fonds werden als –> Investmentfonds bezeichnet.

Fondsmanager

Der Verwalter eines –> Investmentfonds wird Fondsmanager genannt. Er hat die Aufgabe, das Fondsvermögen möglichst ertragreich und sicher anzulegen. Der Fondsmanager trifft die Anlageentscheidungen im Rahmen der Anlagebedingungen, der Anlagegrundsätze und der gesetzlichen Anlagegrenzen. Zu den erfolgreichsten Fondsmanager gehören zum Beispiel Peter Lynch und John Templeton.

Fourbagger

Börsenjargon für eine –> Aktie, die ihren Wert vervierfacht hat. Der Begriff ist aus dem Baseball entliehen, wo ein Fourbagger bzw. Homerun vier Punkte bringt. Im Börsenjargon ist die Vervielfachung allerdings nicht auf die Zahl »vier« begrenzt; es gibt zum Beispiel auch Aktien, deren Wert sich über einen bestimmten Zeitraum verzehnfacht hat. In diesem Fall spricht man von einem Tenbagger.

Freier Cashflow

Derjenige Teil vom –> Cashflow, der nicht für Investitionen benötigt wird.

Fremdkapital

Fremdkapital setzt sich zusammen aus Verbindlichkeiten und Rückstellungen eines Unternehmens. Anders formuliert handelt es sich um Kapital, welches einem Unternehmen von externen Kapitalgebern – zum Beispiel in Form von Krediten, Hypotheken und Lieferantenkrediten – zur Verfügung gestellt oder für künftige Forderungen bereitgehalten wird. Das Gegenstück zum Fremdkapital ist das –>Eigenkapital.

Fund

Englischer Begriff für –> Fonds

Fusion

Zusammenschluss von zwei oder mehreren vorher selbstständigen Unternehmen. Auch bei der Zusammenlegung zweier –> Investmentfonds spricht man von Fusion.

Future–> Terminkontrakt

Geldmarktfonds

Spezielle Form vom –> Anleihenfonds, die ausschließlich auf Rentenpapiere mit sehr kurzer Restlaufzeit setzen. Das Ziel besteht darin, eine sehr marktnahe Verzinsung zu erreichen.

Gesamtkapitalrendite

Die Gesamtkapitalrendite (GKR) ist eine Finanzkennzahl und dokumentiert die Verzinsung des gesamten eingesetzten Kapitals (–> Eigenkapital zzgl. –> Fremdkapital) eines Unternehmens. Eine Gesamtkapitalrendite von 10 Prozent besagt, dass ein Unternehmen für 100 Euro Gesamtkapitaleinsatz 10 Euro Gewinn erhält.

GKR = Gewinn + Fremdkapitalzinsen / Gesamtkapital x 100 Prozent

Graham, Benjamin

Benjamin Graham (*9. Mai 1894, †21. September 1976) war ein US-amerikanischer Ökonom und Investor. Er entwickelte zusammen mit David Dodd an der Columbia University in New York die –> Fundamentalanalyse, wo Warren –> Buffett einer seiner Studenten war. Mehr über die Börsenlegende Benjamin Graham können Sie in unserem Buch *Alles, was Sie über Benjamin Graham wissen müssen* nachlesen.

Hausse

Phasen mit dauerhaft steigenden Börsenkursen werden als Hausse oder auch –> Bullenmarkt bezeichnet.

Indexfonds

–> Investmentfonds, die einen –> Aktienindex (z. B. DAX (–> Deutscher Aktienindex), –> Dow Jones, –> NASDAQ) Index abbilden. In heutiger Zeit handelt es sich in der Regel um börsengehandelte Indexfonds, sprich – > ETF.

Investmentfonds

Ein Investmentfonds ist ein –> Fonds zur Geld- bzw. Kapitalanlage. Investmentfonds werden je nach Anlageklasse in –> Aktienfonds, –> Immobilienfonds, –> Rohstofffonds und –> Renten- bzw. Anleihenfonds aufgeteilt. Darüber hinaus gibt es Mischfonds, die in mehrere Anlageklassen investieren, und Dachfonds (engl.: fund of funds), die in Anteile anderer Fonds investieren.

Es gibt Fonds, die von –> Fondsmanagern aktiv verwaltet werden, und passiv gemanagte Fonds, die einen –> Index exakt nachbilden. Fondsmanager sind professionelle Vermögensverwalter und wählen die Wertpapiere und deren Anzahl aus, die das Fondsvermögen bilden. Ziel des Fondsmanagements ist es dabei, das Fondsvermögen überdurchschnittlich zu vermehren. Passive Fonds sind an einem Basiswert (z. B. –> Aktienindex oder Rentenindex) gekoppelt. Ein gängiges Beispiel für passive Fonds sind –> Exchange Traded Funds (ETF).

Initial Public Offering (IPO)

Erstplatzierung einer Aktiengesellschaft an der Börse bzw. Börsengang. Unternehmen gehen deshalb an die Börse, um Eigenkapital für die weitere Geschäftstätigkeit einzusammeln. Peter Lynch rät allerdings davon ab, in solche Börsenneulinge zu investieren.

Junk Bond

Bei Junk Bonds (deutsch: Schrottanleihen) handelt es sich um Anleihen mit hoher Ausfallwahrscheinlichkeit. Diese werden von Unternehmen herausgegeben, die in wirtschaftlichen Schwierigkeiten stecken und daher bei den Banken keine Kredite mehr bekommen können. Aufgrund der hohen Ausfallwahrscheinlichkeit und dem damit verbundenen Risiko sind Junk Bonds in aller Regel mit einer hohen Verzinsung versehen.

Kapital

Das Kapital eines Unternehmens setzt sich aus dem –> Eigen- und dem –> Fremdkapital zusammen. Es wird in der Bilanz als Passiva abgebildet.

Kapitalgesellschaft

Kapitalgesellschaften sind Unternehmen, an denen sich Kapitalgeber beteiligen können, ohne persönlich haften bzw. an der Unternehmensführung teilnehmen zu müssen. Laut HGB (3. Buch, 2. Abschnitt) sind Aktiengesellschaften, Kommanditgesellschaften auf Aktien und Gesellschaften mit beschränkter Haftung (einschl. der UG haftungsbeschränkt) Kapitalgesellschaften. Für Kapitalgesellschaften gelten laut § 264 ff. besondere Buchführungs- und Offenlegungspflichten.

Kurs-Gewinn-Verhältnis (KGV)

Das KGV (engl.: Price/Earnings-Ratio bzw. P/E) ist eine Finanzkennzahl, die zeigt, in wie vielen Jahren das Unternehmen den Wert seiner –> Aktien als Gewinn erwirtschaftet. Das KGV ist eine der meist gebrauchten Kennziffern zur Aktienbewertung. Bei Verlusten ist das KGV jedoch nicht aussagefähig. In solchen wird das –>Kurs-Cash-Flow-Verhältnis als Maßstab genommen. DAX-Werte haben historisch betrachtet ein durchschnittliches KGV von etwa 14. Aktien mit deutlich niedrigerem KGV gelten als günstig.

KGV = Aktienkurs / Gewinn je Aktie

Kurs-Buchwert-Verhältnis (KBV)

Das KBV ist eine Finanzkennzahl zur Bewertung der Unternehmenssubstanz. Das KBV wird insbesondere von Value-Investoren wie Warren –> Buffett und Benjamin –> Graham zur Aktien- bzw. Unternehmensbewertung herangezogen. Je niedriger das KBV, desto günstiger sind die Aktien. Das KBV kommt insbesondere im –> Value-Investing zur Anwendung.

KBV = Aktienkurs / Buchwert je Aktie

Kurs-Cashflow-Verhältnis (KCV)

Das Kurs-Cashflow-Verhältnis ist eine liquiditätsorientierte Finanzkennzahl. Sie wird insbesondere bei Verlusten statt des –> Kurs-Gewinn-Verhältnisses (KGV) angewandt, da das KGV bei Verlusten nicht aussagekräftig ist. Darüber hinaus ist das KCV weniger anfällig, was Maßnahmen der Unternehmensführung angeht, um ihre Bilanzen zu schönen. Je niedriger das KCV, desto preiswerter sind –> Aktien. Peter Lynch allerdings rät dazu, hierbei nur den –> freien Cashflow zu berücksichtigen, also den Teil des –> Cashflows, der nicht für notwendige Investitionen ohnehin wieder aufgewendet werden muss.
KCV = Aktienkurs / Cashflow je Aktie

Kurs-Umsatz-Verhältnis (KUV)

Das KUV wird insbesondere zur Bewertung von –> Aktien genutzt, die Verluste schreiben. Auch bei besonders zyklischen Aktien – wie zum Beispiel bei Aktien von Industrieunternehmen, Großhandel und Rohstofferzeugern – ist das KUV ein häufig genutzter Bewertungsmaßstab. Unternehmen mit einem im Vergleich niedrigeren Kurs-Umsatz-Verhältnis gelten im Vergleich zu anderen Aktien derselben Branche als günstig.
KUV = Aktienkurs / Umsatz je Aktie

Länderfonds

Länderfonds investieren in die Unternehmen eines bestimmten Landes. Länderfonds erfordern vom Investor Geduld und einen Hang zu antizyklischem Kaufverhalten. Der Erwerb von Länderfonds ist wegen der hohen Gebühren in der Regel kostspielig. Zu beachten ist auch das nicht zu unterschätzende Währungsrisiko.

Large Caps

Große Unternehmen mit hoher –> Marktkapitalisierung/Börsenwert werden im Englischen als Large Caps bezeichnet. Synonym dafür ist der Begriff –> Blue Chips.

Leerverkauf

Werden –> Aktien (und andere Wertpapiere, Waren oder Devisen) von jemandem verkauft, ohne dass diese sich zum Zeitpunkt des Verkaufs in seinem Eigentum befinden, spricht man von einem Leerverkauf (Short-Sell). Leerverkäufe werden in der Regel getätigt, weil der Verkäufer darauf spekuliert, dass er sich die Papiere zu einem späteren Zeitpunkt wieder günstiger beschaffen kann.

Load –> Ausgabeaufschlag

Market Multiple

Als Market Multiple wird das durchschnittliche –> Kurs-Gewinn-Verhältnis (KGV) eines –> Aktienindex bezeichnet. Das Market Multiple des DAX (–> Deutscher Aktienindex) lag in den vergangenen 30 Jahren bei rund 14. Beim –> Dow Jones lag das KGV in den vergangenen 30 Jahren bei einem Mittelwert von rund 18.

Marktkapitalisierung

Unter Marktkapitalisierung (auch als Börsenwert bezeichnet) versteht man den Gesamtwert der Anteile eines börsennotierten Unternehmens. Die Marktkapitalisierung ist das Produkt aus dem aktuellen Aktienkurs und der Anzahl der umlaufenden Aktien einer –> Aktiengesellschaft.

Mischfonds –> Investmentfonds

Munger, Charles Thomas

Charles Thomas Munger (*1. Januar 1924) ist ein US-amerikanischer Jurist und Value-Investor (–> Value-Investing). Seit 1978 ist er stellvertretender Leiter (Chairman) der Investmentgesellschaft Berkshire Hathaway. Mehr über die Börsenlegende Charlie Munger können Sie in unserem Buch *Alles, was Sie über Charlie Munger wissen müssen* nachlesen.

Ninebagger

Aktie, die sich im Wert verneunfacht hat. –> Fourbagger

Optionen –> Aktienoptionen

–> P/E (engl.: Price/Earnings-Ratio) –> Kurs-Gewinn-Verhältnis

Pensionsfonds

Pensionsfonds sind rechtlich unabhängige Einrichtungen, die gegen Einzahlung von Beiträgen eine kapitalgedeckte betriebliche Altersversorgung für einen oder mehrere Arbeitgeber zugunsten von Arbeitnehmern erbringen. Arbeitnehmer haben einen Anspruch auf Leistung gegen den Pensionsfonds. Pensionsfonds sind verpflichtet, die Altersversorgungsleistung als lebenslange Zahlung oder als Einmalkapitalzahlung zu erbringen. Pensionsfonds können in Deutschland bis zu 90 Prozent ihres Vermögens in Aktien anlegen. Die Investition in –> Anleihen, –> Investmentfonds, Immobilien und Schuldverschreibungen ist unbegrenzt möglich. Pensionsfonds sind auch in anderen Ländern sehr frei in der Auswahl ihrer Anlagevehikel.

Performance

Der englische Begriff Performance steht für die Wertentwicklung einer –> Aktie, eines –> Investmentfonds oder einer anderen börsennotierten Geldanlage.

Portfolio

Das Portfolio (seltener auch: Portefeuille) ist der Gesamtbestand der Wertpapiere, die ein Anleger oder ein –> Investmentfonds hält.

PEG

Price-Earnings-to-Growth-Ratio. Bei dieser Finanzkennzahl wird das –> Kurs-Gewinn-Verhältnis (KGV) durch das prognostizierte Gewinnwachstum in Prozent geteilt, um bei –> Wachstumsaktien eine Aussage darüber zu erhalten, ob sie noch unter- oder bereits überbewertet sind. Ein PEG von 1 oder tiefer gilt als Zeichen für eine Unterbewertung.

Publikumsfonds –> Offener Investmentfonds

Quality-Growth-Fonds

–> Fondsmanager eines Quality-Growth-Fonds investieren in mittelgroße und große Unternehmen, die etabliert sind, kontinuierlich expandieren und ihre Gewinne um mindestens 15 Prozent pro Jahr steigern.

Rendite

Die Rendite einer Kapitalanlage ist der prozentuale Gewinn. Es gibt verschiedene Renditen: Die –> Eigenkapitalrendite weist die Verzinsung des eingesetzten –> Eigenkapitals aus, die –> Gesamtkapitalrendite die Verzinsung des eingesetzten Eigen- und –> Fremdkapitals. Die Umsatzrendite ist der prozentuale Gewinn bezogen auf die Umsätze einer Zeitperiode.

Rentenfonds –> Anleihenfonds

Short-Sell –> Leerverkauf

Small Caps

Kleine Unternehmen mit geringer –> Marktkapitalisierung, sprich geringem Börsenwert.

Standard & Poor's 500 (S&P 500)

Der Standard & Poor's 500 (S&P 500) ist ein Index, der den US-amerikanischen Markt widerspiegelt. Zu seiner Berechnung werden die Kurse der 500 größten Aktiengesellschaften der USA herangezogen. Er zeigt damit ein genaueres Bild der US-Wirtschaft als der –> Dow Jones Industrial Average.

Stockpicker

Als Stockpicker werden Investoren bezeichnet, die gezielt in einzelne börsennotierte Unternehmen bzw. deren Aktien investieren.

T-Bills

Treasury Bills sind kurzfristige amerikanische Staatsanleihen mit einer Laufzeit zwischen einem Monat und einem Jahr.

T-Bonds

Treasury Bonds sind amerikanische Staatsanleihen mit einer Laufzeit von 10 bis 30 Jahren.

Technische Analyse –> Chartanalyse

Tenbagger

Aktien, deren Kurs sich verzehnfacht hat. –> Fourbagger

Terminkontrakt

Terminkontrakte (englisch: Futures) sind Verträge, in denen der Kauf bzw. Verkauf einer festgelegten Menge an Waren zu einem konkreten Preis und zu einem bestimmten Datum in der Zukunft vereinbart wird. Anders als bei Optionen handelt es sich um nicht bedingte Geschäfte: Der Käufer eines Terminkontrakts muss den vereinbarten Kauf oder Verkauf zum vereinbarten Zeitpunkt und Preis durchführen. Futures über –> Aktien werden dabei als Finanzterminkontrakte beziehungsweise financial futures bezeichnet.

Trader

Trader (deutsch: Händler) sind Spekulanten, die kurzfristig Wertpapiere kaufen und verkaufen, um in einem volatilen Umfeld Kursschwankungen auszunutzen.

Value-Aktien

–> Aktien solider, dauerhaft ertragreicher Unternehmen. Hier spricht man auch von Substanzaktien.

Value-Fonds

–> Fondsmanager von Value-Fonds investieren in Substanzwerte nach den Kriterien des –> Value-Investing. Hierbei handelt es sich um unterbewertete Aktien mit nachhaltiger Wertentwicklung.

Value-Investing

Das Value-Investing (wertorientiertes Investieren) ist ein Ansatz der –> Wertpapieranalyse, der eine Variante der –>Fundamentalanalyse darstellt. Value-Investoren investieren in Unternehmen, deren Preis (= Aktienkurs) deutlich unter dem inneren Wert (engl. intrinsic value) des Unternehmens liegt. Diese Unternehmen sind in der Regel gekennzeichnet durch ein niedriges –> Kurs-Gewinn-Verhältnis und einer überdurchschnittlichen –> Dividendenrendite. Ziel der Value-Anleger ist es, unterbewertete Unternehmen auszumachen und darin zu investieren. Entwickelt wurde das Value-Investing von den US-Wirtschaftswissenschaftlern Benjamin –> Graham und David Dodd in den 30er-Jahren des 20. Jahrhundert. Die bekanntesten Value-Investoren sind Benjamin Graham, Warren –> Buffett und Charlie –> Munger.

Verbindlichkeiten

Unter Verbindlichkeiten wird die Summe der offenen finanziellen Verpflichtungen eines Unternehmens zusammengefasst. Hierunter fallen zum Beispiel Bankkredite, Anleihen und Anzahlungen von Kunden. Die Verbindlichkeiten eines Unternehmens müssen auf der Passivseite der Jahresbilanz ausgewiesen werden (§ 246 HGB).

Verschuldungsgrad

Der Verschuldungsgrad ist eine Finanzkennzahl, bei der das –> Fremdkapital eines Unternehmens ins Verhältnis zu seinem –> Eigenkapital gesetzt wird. Ein Verschuldungsgrad von 2 bedeutet damit, dass ein Unternehmen doppelt so viel Fremdkapital wie Eigenkapital hat.

Verschuldungsquote –> Verschuldungsgrad

Verwaltungsgebühr

Verwaltungsgebühr nennt sich die jährliche Gebühr, die ein aktiv gemanagter –> Investmentfonds von den Anteilseignern verlangt. Diese Gebühr wird laufend aus dem Fondsvermögen entnommen, was die –> Performance des Fonds entsprechend mindert.

Volatilität

Die Volatilität bezeichnet die Standardabweichung einer –> Aktie (Schwankungsbreite) über einen Betrachtungszeitraum. Anders ausgedrückt heißt das, Aktien mit hoher Volatilität (gemessen in Beta) verzeichnen hohe Kursschwankungen.

Vorstand

Der Vorstand ist eines von drei Organen einer –> Aktiengesellschaft. Geregelt ist der Vorstand einer Aktiengesellschaft in § 76 ff. AktG. Hauptaufgabe des Vorstands einer AG ist die Leitung sowie die gerichtliche und außergerichtliche Vertretung des Unternehmens. Die Vorstandsmitglieder werden vom Aufsichtsrat bestellt.

Wachstumsaktien

–> Aktien von kleinen, aufstrebenden Unternehmen mit guten Wachstumsaussichten. Ein Investment in Wachstumsaktien gilt als chancenreicher aber auch als riskanter als ein Investment in –> Value-Aktien.

Wertpapieranalyse

Unter dem Begriff Wertpapieranalyse wird die systematische Untersuchung/Analyse des Wertpapiermarkts zusammengefasst. Ergebnis der Wertpapieranalysten sind Kauf-, Halte- und Verkaufsempfehlungen für einzelne Wertpapiere. In der Praxis werden drei Arten der Wertpapieranalyse unterschieden: Die –> Fundamentalanalyse untersucht die betriebswirtschaftlichen Kennzahlen eines Unternehmens und entwickelt daraus Handlungsempfehlungen. In der –> Chartanalyse wird der bisherige Kursverlauf eines Wertpapiers analysiert und daraus Rückschlüsse für die zukünftige Entwicklung der Aktie gezogen. Die Sentimentanalyse untersucht die Stimmung am Markt und die der Investoren und leitet daraus Handlungsempfehlungen ab.

ANMERKUNGEN

1   Lynch, Peter; Rothchild, John, Lynch 3 – Der Weg zum Börsenerfolg, Kulmbach 1997, S. 10.

2   Lynch, Peter; Rothchild, John, Der Börse einen Schritt voraus, Kulmbach 2018, S. 9.

3   Lynch, Peter; Rothchild, John, Aktien für Alle, Kulmbach 1992, S. 11.

4   In: Der Aktionär (Ztschr.), Reich mit Aktien: Anlegen wie Super-Legende Peter Lynch, Kulmbach 16/2018.

5   Lynch, Peter; Rothchild, John, Lynch 3 – Der Weg zum Börsenerfolg, Kulmbach 1997, S. 11.

6   Lynch, Peter; Rothchild, John, Der Börse einen Schritt voraus, Kulmbach 2018, S. 37.

7   Lynch, Peter; Rothchild, John, One up on Wall Street, New York, 1989, S. 48.

8   Lynch, Peter; Rothchild, John, Der Börse einen Schritt voraus, Kulmbach 2018, S. 38.

9   Vgl. Marktbeobachtung, Kundenmagazin der HSBC f. Investoren und Trader 12/2015, Düsseldorf 2015, S.47f.

10 Lynch, Peter; Rothchild, John, Der Börse einen Schritt voraus, Kulmbach 2018, S. 39.

11 Vgl. https://en.wikipedia.org/wiki/Francis_Ouimet

12 Vgl. Train, John, Die Formeln der Erfolgreichsten II, München 2006, S. 197f.

13 Lynch, Peter; Rothchild, John, Der Börse einen Schritt voraus, Kulmbach 2018, S. 41f.

14 Balsinger, Peter; Werner, F. (Hrsg.), Die Erfolgsgeheimnisse der Börsenmillionäre, München 2016, S. 202.

15 Lynch, Peter; Rothchild, John, Der Börse einen Schritt voraus, Kulmbach 2018, S. 42.

16 Lynch, Peter; Rothchild, John, One up on Wall Street, New York, 1989, S. 49.

17 Lynch, Peter; Rothchild, John, Der Börse einen Schritt voraus, Kulmbach 2018, S. 42f.

18 Lynch, Peter; Rothchild, John, One up on Wall Street, New York, 1989, S. 51f.

19 Lynch, Peter; Rothchild, John, Der Börse einen Schritt voraus, Kulmbach 2018, S. 45.

20 Balsinger, Peter; Werner, F. (Hrsg.), Die Erfolgsgeheimnisse der Börsenmillionäre, München 2016, S. 202.

21 https://usa.usembassy.de/etexts/his/e_g_prices1.htm

22 Lynch, Peter; Rothchild, John, Beating the Street, New York 1994, S. 84.

23 Vgl. Lynch, Peter; Rothchild, John, Aktien für Alle, Kulmbach 1992, S. 91ff.

24 Lynch, Peter; Rothchild, John, Aktien für Alle, Kulmbach 1992, S. 142.

25 Lynch, Peter; Rothchild, John, One up on Wall Street, New York, 1989, S. 29.

26 Vgl. Lynch, Peter; Rothchild, John, Beating the Street, New York 1994, S. 132.

27 Lynch, Peter; Rothchild, John, Aktien für Alle, Kulmbach 1992, S. 152.

28 Lynch, Peter; Rothchild, John, Beating the Street, New York 1994, S. 5.

29 Vgl. Train, John, Die Formeln der Erfolgreichsten II, München 2006, S. 203.

30 Lynch, Peter; Rothchild, John, Aktien für Alle, Kulmbach 1992, S. 113.

31 Lynch, Peter; Rothchild, John, Der Börse einen Schritt voraus, Kulmbach 2018, S. 360.

32 Lynch, Peter; Rothchild, John, Beating the Street, New York 1994, S. 5.

33 Lynch, Peter; Rothchild, John, Aktien für Alle, Kulmbach 1992, S. 13.

34 Lynch, Peter; Rothchild, John, Aktien für Alle, Kulmbach 1992, S. 14.

35 Lynch, Peter; Rothchild, John, Beating the Street, New York 1994, S. 8.

36 Vgl. Train, John, Die Formeln der Erfolgreichsten II, München 2006, S. 198.

37 www.bostonmagazine.com/2006/05/15/the-50-wealthiest-bostonians/

38 http://www.thelynchfoundation.com

39 Lynch, Peter; Rothchild, John, Beating the Street, New York 1994, S. 135.

40 Lynch, Peter; Rothchild, John, Aktien für Alle, Kulmbach 1992, S. 98.

41 Lynch, Peter; Rothchild, John, Aktien für Alle, Kulmbach 1992, S. 99.

42 Balsinger, Peter; Werner, F. (Hrsg.), Die Erfolgsgeheimnisse der Börsenmillionäre, München 2016, S. 201.

43 Lynch, Peter; Rothchild, John, Aktien für Alle, Kulmbach 1992, S. 125.

44 Lynch, Peter; Rothchild, John, Beating the Street, New York 1994, S. 62.

45 Lynch, Peter; Rothchild, John, Aktien für Alle, Kulmbach 1992, S. 93.

46 Train, John, Die Formeln der Erfolgreichsten II, München 2006, S. 217.

47   Vgl. Lynch, Peter; Rothchild, John, Beating the Street, New York 1994, S. 135.

48   Lynch, Peter; Rothchild, John, Der Börse einen Schritt voraus, Kulmbach 2018, S. 64.

49   Lynch, Peter; Rothchild, John, One up on Wall Street, New York, 1989, S. 66.

50   Lynch, Peter; Rothchild, John, Lynch 3 – Der Weg zum Börsenerfolg, Kulmbach 1997, S. 158.

51   Lynch, Peter; Rothchild, John, Der Börse einen Schritt voraus, Kulmbach 2018, S. 62.

52   Lynch, Peter; Rothchild, John, Learn to Earn, New York 1995, S. 120.

53   Lynch, Peter; Rothchild, John, Lynch 3 – Der Weg zum Börsenerfolg, Kulmbach 1997, S. 157.

54   Lynch, Peter; Rothchild, John, Der Börse einen Schritt voraus, Kulmbach 2018, S. 19.

55   Lynch, Peter; Rothchild, John, Aktien für Alle, Kulmbach 1992, S. 18.

56   Lynch, Peter; Rothchild, John, Lynch 3 – Der Weg zum Börsenerfolg, Kulmbach 1997, S. 137.

57   Lynch, Peter; Rothchild, John, Der Börse einen Schritt voraus, Kulmbach 2018, S. 82.

58   Lynch, Peter; Rothchild, John, Lynch 3 – Der Weg zum Börsenerfolg, Kulmbach 1997, S. 145.

59   Lynch, Peter; Rothchild, John, Aktien für Alle, Kulmbach 1992, S. 50.

60   Lynch, Peter; Rothchild, John, Learn to Earn, New York 1995, S. 106.

61   Lynch, Peter; Rothchild, John, Aktien für Alle, Kulmbach 1992, S. 56.

62   Lynch, Peter; Rothchild, John, Aktien für Alle, Kulmbach 1992, S. 18.

63   Lynch, Peter; Rothchild, John, Aktien für Alle, Kulmbach 1992, S. 53.

64   Lynch, Peter; Rothchild, John, Lynch 3 – Der Weg zum Börsenerfolg, Kulmbach 1997, S. 167.

65   Lynch, Peter; Rothchild, John, Aktien für Alle, Kulmbach 1992, S. 92.

66   Lynch, Peter; Rothchild, John, Learn to Earn, New York 1995, S. 122.

67   Lynch, Peter; Rothchild, John, Lynch 3 – Der Weg zum Börsenerfolg, Kulmbach 1997, S. 168.

68   Lynch, Peter; Rothchild, John, Aktien für Alle, Kulmbach 1992, S. 67.

69   Lynch, Peter; Rothchild, John, Aktien für Alle, Kulmbach 1992, S. 92.

70   Lynch, Peter; Rothchild, John, Lynch 3 – Der Weg zum Börsenerfolg, Kulmbach 1997, S. 166.

71   Lynch, Peter; Rothchild, John, Aktien für Alle, Kulmbach 1992, S. 77.

72 Lynch, Peter; Rothchild, John, Lynch 3 – Der Weg zum Börsenerfolg, Kulmbach 1997, S. 166.

73 Lynch, Peter; Rothchild, John, Aktien für Alle, Kulmbach 1992, S. 77.

74 Vgl. Lynch, Peter; Rothchild, John, Lynch 3 – Der Weg zum Börsenerfolg, Kulmbach 1997, S. 324.

75 Lynch, Peter; Rothchild, John, One up on Wall Street, New York, 1989, S. 70.

76 Lynch, Peter; Rothchild, John, Beating the Street, New York 1994, S. 16f.

77 Lynch, Peter; Rothchild, John, Der Börse einen Schritt voraus, Kulmbach 2018, S. 72.

78 Lynch, Peter; Rothchild, John, One up on Wall Street, New York, 1989, S. 71.

79 Lynch, Peter; Rothchild, John, Der Börse einen Schritt voraus, Kulmbach 2018, S. 72.

80 Lynch, Peter; Rothchild, John, Der Börse einen Schritt voraus, Kulmbach 2018, S. 74.

81 Lynch, Peter; Rothchild, John, One up on Wall Street, New York, 1989, S. 273.

82 Lynch, Peter; Rothchild, John, One up on Wall Street, New York, 1989, S. 270.

83 Lynch, Peter; Rothchild, John, One up on Wall Street, New York, 1989, S. 270.

84 Lynch, Peter; Rothchild, John, Aktien für Alle, Kulmbach 1992, S. 28.

85 Lynch, Peter; Rothchild, John, Der Börse einen Schritt voraus, Kulmbach 2018, S. 17.

86 Vgl. Train, John, Die Formeln der Erfolgreichsten II, München 2006, S. 214.

87 Lynch, Peter; Rothchild, John, Lynch 3 – Der Weg zum Börsenerfolg, Kulmbach 1997, S. 19.

88 Lynch, Peter; Rothchild, John, Aktien für Alle, Kulmbach 1992, S. 29.

89 Lynch, Peter; Rothchild, John, Aktien für Alle, Kulmbach 1992, S. 178.

90 Lynch, Peter; Rothchild, John, Aktien für Alle, Kulmbach 1992, S. 12.

91 Lynch, Peter; Rothchild, John, Aktien für Alle, Kulmbach 1992, S. 97.

92 Lynch, Peter; Rothchild, John, Aktien für Alle, Kulmbach 1992, S. 102.

93 Lynch, Peter; Rothchild, John, Aktien für Alle, Kulmbach 1992, S. 101.

94 Lynch, Peter; Rothchild, John, Aktien für Alle, Kulmbach 1992, S. 329.

95 Lynch, Peter; Rothchild, John, Der Börse einen Schritt voraus, Kulmbach 2018, S. 111.

96 Lynch, Peter; Rothchild, John, Aktien für Alle, Kulmbach 1992, S. 174.

97 Lynch, Peter; Rothchild, John, One up on Wall Street, New York, 1989, S. 42.

98 Lynch, Peter; Rothchild, John, Der Börse einen Schritt voraus, Kulmbach 2018, S. 120.

99 Lynch, Peter; Rothchild, John, Learn to Earn, New York 1995, S. 158.

100 Lynch, Peter; Rothchild, John, Lynch 3 – Der Weg zum Börsenerfolg, Kulmbach 1997, S. 176.

101 Lynch, Peter; Rothchild, John, Der Börse einen Schritt voraus, Kulmbach 2018, S. 120.

102 Lynch, Peter; Rothchild, John, Der Börse einen Schritt voraus, Kulmbach 2018, S. 212.

103 Arnold, Glen, Die größten Investoren aller Zeiten, Kulmbach 2012, S. 204.

104 Lynch, Peter; Rothchild, John, One up on Wall Street, New York, 1989, S. 199.

105 Lynch, Peter; Rothchild, John, Der Börse einen Schritt voraus, Kulmbach 2018, S. 211.

106 Lynch, Peter; Rothchild, John, Lynch 3 – Der Weg zum Börsenerfolg, Kulmbach 1997, S. 214.

107 Lynch, Peter; Rothchild, John, Der Börse einen Schritt voraus, Kulmbach 2018, S. 90.

108 Lynch, Peter; Rothchild, John, One up on Wall Street, New York, 1989, S. 173.

109 Lynch, Peter; Rothchild, John, Der Börse einen Schritt voraus, Kulmbach 2018, S. 253.

110 Lynch, Peter; Rothchild, John, One up on Wall Street, New York, 1989, S. 202.

111 Lynch, Peter; Rothchild, John, One up on Wall Street, New York, 1989, S. 202.

112 Lynch, Peter; Rothchild, John, Der Börse einen Schritt voraus, Kulmbach 2018, S. 262f.

113 Lynch, Peter; Rothchild, John, One up on Wall Street, New York, 1989, S. 207.

114 Lynch, Peter; Rothchild, John, Der Börse einen Schritt voraus, Kulmbach 2018, S. 264.

115 Lynch, Peter; Rothchild, John, One up on Wall Street, New York, 1989, S. 209.

116 Lynch, Peter; Rothchild, John, Der Börse einen Schritt voraus, Kulmbach 2018, S. 267.

117 Lynch, Peter; Rothchild, John, One up on Wall Street, New York, 1989, S. 214.

118 Lynch, Peter; Rothchild, John, Der Börse einen Schritt voraus, Kulmbach 2018, S. 274.

119 Lynch, Peter; Rothchild, John, Der Börse einen Schritt voraus, Kulmbach 2018, S. 274.

120 Lynch, Peter; Rothchild, John, One up on Wall Street, New York, 1989, S. 215.

121 Lynch, Peter; Rothchild, John, Der Börse einen Schritt voraus, Kulmbach 2018, S. 277.

122 Vgl. Lynch, Peter; Rothchild, John, Der Börse einen Schritt voraus, Kulmbach 2018, S. 153ff.

123 Vgl. Train, John, Die Formeln der Erfolgreichsten II, München 2006, S. 222.

124 Lynch, Peter; Rothchild, John, Der Börse einen Schritt voraus, Kulmbach 2018, S. 170.

125 Vgl. Train, John, Die Formeln der Erfolgreichsten II, München 2006, S. 216.

126 Lynch, Peter; Rothchild, John, One up on Wall Street, New York, 1989, S. 149ff.

127 Lynch, Peter; Rothchild, John, Der Börse einen Schritt voraus, Kulmbach 2018, S. 18.

128 Vgl. Train, John, Die Formeln der Erfolgreichsten II, München 2006, S. 219f.

129 Lynch, Peter; Rothchild, John, Der Börse einen Schritt voraus, Kulmbach 2018, S. 233.

130 Lynch, Peter; Rothchild, John, Aktien für Alle, Kulmbach 1992, S. 107.

131 Vgl. Lynch, Peter; Rothchild, John, Aktien für Alle, Kulmbach 1992, S. 151.

132 Lynch, Peter; Rothchild, John, Aktien für Alle, Kulmbach 1992, S. 117.

133 Vgl. Train, John, Die Formeln der Erfolgreichsten II, München 2006, S. 215.

134 Lynch, Peter; Rothchild, John, Aktien für Alle, Kulmbach 1992, S. 107.

135 Lynch, Peter; Rothchild, John, Der Börse einen Schritt voraus, Kulmbach 2018, S. 221.

136 Lynch, Peter; Rothchild, John, Aktien für Alle, Kulmbach 1992, S. 107.

137 Lynch, Peter; Rothchild, John, One up on Wall Street, New York, 1989, S. 80.

138 Lynch, Peter; Rothchild, John, Der Börse einen Schritt voraus, Kulmbach 2018, S. 86.

139 Lynch, Peter; Rothchild, John, Lynch 3 – Der Weg zum Börsenerfolg, Kulmbach 1997, S. 171.

140 Lynch, Peter; Rothchild, John, Learn to Earn, New York 1995, S. 13.

141 Lynch, Peter; Rotchild, John, One up on Wall Street, New York, 1989, S. 240.

142 Lynch, Peter; Rothchild, John, Der Börse einen Schritt voraus, Kulmbach 2018, S. 307.

143 Lynch, Peter; Rothchild, John, Der Börse einen Schritt voraus, Kulmbach 2018, S. 21.

144 Balsinger, Peter; Werner, F. (Hrsg.), Die Erfolgsgeheimnisse der Börsenmillionäre, München 2016, S. 204.

145 Lynch, Peter; Rothchild, John, Lynch 3 – Der Weg zum Börsenerfolg, Kulmbach 1997, S. 270.

146 Lynch, Peter; Rothchild, John, Der Börse einen Schritt voraus, Kulmbach 2018, S. 100.

147 Lynch, Peter; Rothchild, John, One up on Wall Street, New York, 1989, S. 237.

148 Lynch, Peter; Rothchild, John, Aktien für Alle, Kulmbach 1992, S. 39.

149 Lynch, Peter; Rothchild, John, Beating the Street, New York 1994, S. 226.

150 Lynch, Peter; Rothchild, John, Aktien für Alle, Kulmbach 1992, S. 330.

151 Lynch, Peter; Rothchild, John, Der Börse einen Schritt voraus, Kulmbach 2018, S. 90.

152 Lynch, Peter; Rothchild, John, One up on Wall Street, New York, 1989, S. 243.

153 Vgl. Lynch, Peter; Rotchild, John, Beating the Street, New York 1994, S. 305ff.

154 Lynch, Peter; Rothchild, John, Beating the Street, New York 1994, S. 15.

ÜBER DIE AUTOREN

Rolf Morrien, Jahrgang 1972, studierte in Münster und Wien Geschichte, Wirtschaft und Politik und absolvierte anschließend eine Ausbildung zum Wirtschaftsjournalisten. Danach war er Redakteur des Dienstes »Aktien-Analyse«. Seit 2002 leitet er den Börsendienst »Der Depot-Optimierer«. Im FinanzBuch Verlag sind von ihm die Börsenbestseller *Börse leicht verständlich*, *Börse ganz praktisch* und *Verschenken Sie kein Geld!* erschienen.

Heinz Vinkelau, Jahrgang 1963, studierte in Münster Volkswirtschaft und Wirtschaftsgeschichte. Nach Abschluss des Studiums war er als Existenzgründungsberater tätig. Seit mehr als 15 Jahren schreibt er als Redakteur für diverse Fachverlage. Im Jahr 2018 startete er zusammen mit Rolf Morrien im FinanzBuch Verlag die Börsen-Legenden-Serie mit den drei Bänden *Alles, was Sie über Warren Buffett wissen müssen*, *Alles, was Sie über Charlie Munger wissen müssen* und *Alles, was Sie über Benjamin Graham wissen müssen*.

Alles, was Sie über Benjamin Graham wissen müssen

Rolf Morrien; Heinz Vinkelau

Mit seiner Anlagestrategie wurde Warren Buffett zum erfolgreichsten Investor der Börsengeschichte und zum Multi-Milliardär. Sein
Erfolgsrezept ist denkbar einfach: »Die Frage, wie man reich wird,
ist leicht zu beantworten. Kaufe einen Dollar, aber bezahle nicht
mehr als 50 Cent dafür.« Diese Erfolgsformel hat Buffett von seinem
Lehrmeister und Mentor Benjamin Graham (1894 bis 1976) über-
nommen. Der Wirtschaftswissenschaftler und Investor bildete nicht
nur seinen Meisterschüler aus, sondern schuf mit seinen Büchern
Wertpapieranalyse und Intelligent investieren die theoretische
Basis für die fundamentale Analyse von Unternehmen. Graham
gilt als der Vater der Value-Investing-Strategie.

In diesem Buch zeigen die Bestsellerautoren Rolf Morrien und Heinz
Vinkelau, wie Graham sein Erfolgsrezept entwickelt hat und was
Anleger auch heute noch von Graham lernen können.

112 Seiten | Hardcover | 14,99 € (D) | 15,50 € (A) | ISBN 978-3-95972-119-6

Alles, was Sie über Warren Buffett wissen müssen

Rolf Morrien; Heinz Vinkelau

Warren Buffett ist der wahrscheinlich berühmteste und erfolgreichste Investor der modernen Börsengeschichte – obwohl oder vielleicht gerade weil er alles anders macht als die »smarten« Jungs an der Wall Street. Er wurde in der Provinz geboren, lebt in Omaha noch heute in dem Haus, das er in den 1960er-Jahren gekauft hat, und meidet das hektische Treiben der Großstadt.

Mit einem einfachen Leben und noch einfacheren Anlageregeln wurde Buffett gleichsam zum Milliardär und zur Börsenlegende. Sein Credo: »Investiere nur in eine Aktie, deren Geschäft du auch verstehst.«

In diesem Buch beschreiben die Bestsellerautoren Rolf Morrien und Heinz Vinkelau nicht nur die spannendsten Stationen seines Lebenslauf, sondern bieten auch eine Einführung in seine geniale Investmentstrategie.

128 Seiten | Hardcover | 14,99 € (D) | 15,50 € (A) | ISBN 978-3-95972-091-5

Alles, was Sie über Charlie Munger wissen müssen

Rolf Morrien; Heinz Vinkelau

Im Mittelpunkt der Hauptversammlung des US-Konzerns Berkshire Hathaway, zu der jährlich Zehntausende Aktionäre pilgern, steht der Entertainer Warren Buffett. Doch einer hat die erfolgreichste Beteiligungsgesellschaft aller Zeiten entscheidend verfeinert und endgültig zur Erfolgsgeschichte gemacht: sein kongenialer Partner Charlie Munger. Sein Credo für den Börsenerfolg: »Kapitalanlage ist, wenn du wenige großartige Unternehmen findest und dann auf deinem Hintern sitzt.«

Erstmals wird mit diesem Buch der Mann ins Rampenlicht gestellt, der auf dem Börsenparkett so oft im Schatten von Warren Buffett steht. Er ist kein »Schnäppchenjäger« wie Buffett, sondern der Trüffelsucher, der die absoluten Top-Aktien findet.

112 Seiten | Hardcover | 14,99 € (D) | 15,50 € (A) | ISBN 978-3-95972-118-9

Alles, was Sie über John Templeton wissen müssen

Rolf Morrien; Heinz Vinkelau

Mit unkonventionellen Methoden an der Börse erfolgreich sein, war das Motto von Sir John Templeton, einem der erfolgreichsten Fondsmanager aller Zeiten. Statt in Aktien großer Firmen zu investieren, kaufte er Ende der 30er Jahre Pennystocks, also Aktien, die als Ramschwerte mit weniger als einen Dollar gehandelt wurden. Und er hatte enormen Erfolg: Nach nur wenigen Jahren konnte er sein Kapital vervierfachen. Mit seinem Flaggschiff, dem Templeton Growth Fund erwirtschaftete er über fast zwei Jahrzehnte eine durchschnittliche Jahresrendite von 14,5 Prozent.

In diesem Buch dokumentieren die Bestsellerautoren Heinz Vinkelau und Rolf Morrien die beeindruckende Lebensgeschichte von Templeton, erläutern seine unkonventionellen Strategien und zeigen, was Anleger auch heute noch von Templeton lernen können.

ca. 112 Seiten | Hardcover | 14,99 € (D) | 15,50 € (A) | ISBN 978-3-95972-259-9